BusinessVillage

Larissa Wasserthal

BEZIEHUNGS ALCHEMIE

Als ich mir eine Chance gab, hat das Leben mich beschenkt

BusinessVillage

Impressum

Larissa Wasserthal
Beziehungsalchemie
Als ich mir eine Chance gab, hat das Leben mich beschenkt
1. Auflage 2021

Bestellnummern
ISBN 978-3-86980-551-1 (Druckausgabe)
ISBN 978-3-86980-552-8 (E-Book, PDF)
ISBN 978-3-86980-553-5 (E-Book, EPUB)

Direktbezug unter www.businessvillage.de/bl/1105

Bezugs- und Verlagsanschrift
BusinessVillage GmbH
Reinhäuser Landstraße 22
37083 Göttingen
Telefon: +49 (0)551 2099-100
Fax: +49 (0)551 2099-105
E-Mail: info@businessvillage.de
Web: www.businessvillage.de

Layout und Satz Sabine Kempke

Autorenfoto Sandra Limberg, https://sollena-photography.de

Druck und Bindung
www.booksfactory.com

Inhalt

Über die Autorin 7

Vorwort 9

1. Die Krise meines Lebens – nichts geht mehr! 13

2. Nüchterne Erkenntnisse und die Suche nach Verantwortung .. 23

3. Gedanken über meine Gedanken 37

4. Wer braucht mich am meisten? 49

5. Was Fertigpizza mit erfolgreichem Business und einer
Coachingstrategie zu tun hat 57

6. Das Museum des Lebens – echte Gefühle und
Erkenntnisse 67

7. Selbstliebe versus Egoismus versus Narzissmus –
wo sind die Unterschiede? 73

8. Was nutzen Geld und Erfolg, wenn die Seele ermüdet,
Emotionen betäubt werden und der Körper schreit 81

9. Was macht krank? Äußere Umstände oder doch eher
unsere eigenen Gedanken? 89

10. Die größte Sucht, unter der wir leiden, ohne es zu wissen 99

11. Kinder als Spiegel unserer Beziehungen 109

12. Was tun, wenn wie aus heiterem Himmel alte,
vertraute, schmerzliche Erinnerungen auftauchen? 115

13. Heilung bedeutet, das Gegenteil der ursprünglichen Verletzung zu erleben 123

14. Wodurch erlangen wir Liebe, Lob und Anerkennung von anderen? 133

15. Kritische Beziehungen als Geschenke für unser Wachstum auf dem Weg zum persönlichen Glück 139

16. Wie Glaubenssätze und Verhaltensmuster aus der Kindheit ein Leben lang wirken 147

17. Woher kommen die Gefühle? 153

18. Die Angst und die Macht unserer Gedanken 163

19. Wege, sich selbst zu lieben 173

Über die Autorin

Larissa Wasserthal ist die Geschäftsführerin der CA Corporate Alchemists. Sie hat bereits weit über sechstausend Seminartage und Coachings für renommierte nationale und internationale Kunden realisiert. Sie gilt als Expertin für positive Unternehmenskultur und hat sich in der Branche als Culture Alchemist etabliert.

Mit ihren persönlich entwickelten Programmen hilft sie Kunden, innerhalb kürzester Zeit ihr volles berufliches und persönliches Potenzial auszuschöpfen und erheblich bessere Ergebnisse zu erzielen. Sie gilt als Expertin im interkulturellen Kommunikationstraining.

Ein Schwerpunkt ihrer Expertise ist das Thema »Positive Unternehmungskultur«. Sie unterstützt ihre Kunden dabei, eine so positive Umgebung zu gestalten, dass die Mitarbeiter nicht nur gerne ihre Arbeitszeit dort verbringen, sondern auch täglich zu Höchstleistungen motiviert werden. So wird ein Umfeld geschaffen, in dem die Kunden zu richtigen Partnern werden, mit denen das Unternehmen eine lange und profitable Geschäftsbeziehung eingeht.

Larissa Wasserthal begleitet ihre Kunden dabei, ein erfolgreiches Mindset zu schaffen und die größtenteils unsichtbaren Assets und Talente, die jeder Mensch in sich trägt, zu Gold zu machen. Sie hat hierbei für sich den Begriff des Culture Alchemist geprägt, der die Transformation in Unternehmen, aber auch bei einzelnen Personen im Eins-zu-eins-Coaching gestaltet. Sie hilft ihren Kunden, nicht nur einen Job zu machen, sondern auf eine Mission zu gehen und ihre wahre Leidenschaft auszuleben. Die Erfahrungen zeigen, dass dies in jedem Unternehmen, auch in international agierenden, möglich ist.

Larissa Wasserthal hat ein natürliches Talent, Beziehungen erfolgreich aufzubauen sowie Chancen auch in wirtschaftlich unglücklichen Situation zu erkennen. Zu ihrem Erfolg trug maßgeblich bei, dass sie Menschen motivieren und inspirieren kann. Von ihrer Leidenschaft für Innovation und Veränderungen haben schon viele Kunden profitiert.

Kontakt:
E-Mail: info@corporate-alchemists.com
Homepage: www.corporate-alchemists.com

Vorwort

Es scheint, als drehte sich alles im Leben um das Thema Beziehung. Wir haben mit allem und jedem Beziehungen. Jetzt, gerade in diesem Moment, beginnen Sie eine Beziehung mit diesem Buch. Sie fangen an zu lesen und wenn die nächsten Zeilen Sie in den Text hineinziehen und Sie einfach weiterlesen möchten, werden Sie dieses Buch lieben.

Wir gehen eben auch Beziehungen zu Gegenständen ein und ob diese Beziehungen uns bereichern oder belasten, hängt gar nicht so sehr oder nicht nur von dem Gegenstand ab, sondern vor allem auch von uns selbst. Das Geflecht an Beziehungen, das wir zu Gegenständen, Nahrungsmitteln und anderen Menschen haben, ist daher auch ein Spiegel der wichtigsten Beziehung in unserem Leben. Beziehungen sind immer ein Spiegel der Beziehung zu uns selbst. Was beeinflusst die Beziehung, die wir heute zu uns selbst haben? Haben Sie vielleicht bereits eine Vermutung? Welche Menschen haben Sie mehr als andere geprägt? Psychologen haben herausgefunden, dass uns die Beziehungen, die wir in unserer Kindheit zu den wichtigsten Erwachsenen in unserer Umgebung hatten, mehr prägten als alles andere. So mancher Mensch kämpft ein Leben lang mit den Glaubenssätzen, die seine Eltern ihm mit auf den Weg gegeben haben. Dagegen können sich Menschen nicht einmal wehren, es geschieht unbewusst. Erfahrungen, gute wie schlechte, nehmen wir in uns auf und speichern sie ab. Über diese werden wir, was wir sind. Sie sind das, was unser Selbst schließlich ausmacht.

So ist es ist nicht verwunderlich, dass wir uns heute oft so behandeln, wie wir damals behandelt wurden, sowohl im positiven wie auch im negativen Sinne. Zu den Erfahrungen aus der Kindheit gehört spätestens seit der Schulzeit auch, dass wir lernen, uns so zu verhalten, wie wir glauben, dass es in der Gesellschaft gut ankommt. Es ist Teil unseres sozialen Wesens und durchaus vorteilhaft, denn so können wir uns im sozialen Kontext besser bewegen. Der Nachteil ist allerdings, dass wir konditioniert werden, Masken zu tragen. Wir lernen, uns so zu verstellen, wie wir vermuten, dass es gut ankommt, und achten nicht darauf, ob uns das auch guttut.

Gar nicht selten sind diese Masken anders oder sogar das Gegenteil von dem, was wir im Inneren fühlen. Es ist auch logisch, dass wir es uns dadurch erschweren, mit uns selbst in eine echte Beziehung zu treten. Ob wir daran glauben oder nicht, diese Masken haben eine entscheidende Auswirkung auf unsere zwischenmenschlichen Beziehungen, unsere Gesundheit und unseren Job.

Oft wünschen wir uns Techniken oder Impulse, wie wir die anderen verändern können, damit wir endlich glücklich werden. Dabei geht es in den meisten Fällen gar nicht um die anderen, die vermeintlich unser Glück beeinflussen, sondern um uns selbst. Der einzige Weg, die anderen nachhaltig zu ändern, wenn es schon so attraktiv erscheint, ist, bei sich selbst anzufangen. Denn erst, wenn wir uns selbst verändern, verändert sich auch die Umgebung, genauer gesagt: unsere Wahrnehmung von unserer Umgebung, im Negativen wie auch im Positiven. Beziehungen sind Spiegel unserer selbst. Die Jagd nach Liebe und/oder beruflicher Anerkennung außerhalb von uns selbst bringt uns weder zu den richtigen Partnern noch zu dem passenden Job.

Ich gehe noch weiter: Die Suche nach Zufriedenheit und Glück kann nur im Außen nicht gelingen. Ich kenne jedenfalls keinen Menschen, dem das geglückt wäre, und ich habe wahrhaft schon viele Menschen in meinem Leben kennengelernt. Warum bleibt die Liebe manchmal von uns fern? Ist das vielleicht die eigene Angst vor Nähe? Oder die eigene kritische Einstellung uns selbst gegenüber? Glauben Sie möglicherweise von sich, nicht liebenswert zu sein? Verbinden Sie Selbstliebe mit Egoismus? Sagen vielleicht andere von Ihnen, dass Sie ein Choleriker sind oder ein Narzisst? Wenn eine Sache davon zutrifft, was glauben Sie, wer schuld daran ist oder viel dazu beigetragen hat? Sind es Ihr Partner, Ihre fiesen Vorgesetzten, die bösen Kollegen, die unfähigen Mitarbeiter, die inkompetenten Lehrer oder nur einfach die leider falschen Eltern?

Keine Angst, Sie müssen diese Fragen nicht beantworten. Ich lade Sie vielmehr zu einer unterhaltsamen Reise ein. Machen Sie sich bereit für eine Reise zusammen mit Jan Lindmann. Jan ist ein erfolgreicher Manager aus Frankfurt. Karriere und Erfolg stehen bei ihm im Fokus. Doch er spürt, dass er in seinem Leben etwas verloren hat. Die Beziehung zu seinem wichtigsten Freund, zu sich selbst, ist irgendwo auf der Strecke geblieben. Alles steht für ihn auf dem Spiel: seine Gesundheit, eine kaputte Beziehung, seine Kinder und ein Leben voller Zweifel. Was wird er erkennen? Was entdeckt er tief in seiner Lebenskrise? Hat er überhaupt noch eine Chance, etwas zu ändern und seine Familie zu behalten?

Eher nicht, denkt Jan, denn die Scherben seines Lebens sind das Einzige, was er sieht. Die ganze Welt steht gegen ihn. Wie soll es bloß weitergehen?

1.
Die Krise meines Lebens – nichts geht mehr!

Herbst vor drei Jahren.
Nein ..., auf manche Fragen gibt es keine Antworten oder sie ergeben sich eben erst viel später.

Manchmal ist das Loch, in welchem du dich befindest, so tief, dass es gar nicht mehr tiefer geht. Es ist der Moment, in dem nichts mehr im Leben funktioniert. Meine Karriere stockt, die persönliche Zufriedenheit liegt auf einer Skala von eins bis zehn bei gefühlten minus zehn. Es ist alles irgendwie zum Kotzen. Die Gesundheit spielt auch nicht mehr mit. Nicht umsonst bin ich mit einer Lungenentzündung im Krankenhaus gelandet. Und als ob das nicht schon genug wäre, hat nun auch noch Fiona, meine Frau, gesagt, dass sie mich verlassen möchte. Im Grunde hat sie es aber schon getan, denn gemeinsam streiten wir uns nur noch. Das ist das Einzige, was an Gemeinsamkeiten von unserer einst glücklichen Ehe geblieben ist. Nur noch der tägliche Streit verbindet uns, wenn man dies so ausdrücken möchte.

Nichts hingekriegt. Lieber Jan, du bist ein Versager auf ganzer Linie. Doch was macht eigentlich einen Versager aus? Das Wort hat mir immer Angst gemacht. Ich wollte alles sein, nur eines nicht: ein Versager. Und jetzt sehe ich mich schon selbst als Versager.

Ich habe auf der ganzen Linie versagt: als Mensch, im Beruf, in der Liebe, als Vater sowieso. Obgleich die Hoffnung zuletzt stirbt, ist es doch so, dass David und Marie kaum Interesse haben, mit mir zu reden. Wenn es Redebedarf gibt oder sie ein Problem haben, dann gehen sie lieber gleich zu Fiona. Liegt vielleicht daran, dass Fiona als Hausfrau nichts zu tun hat. Sie rennt doch nur vom Friseur zum Nagelstudio, dann geht es noch ab in die Stadt zum obligatorischen Shopping in der Goethestraße. Ihr wisst schon, von welchem Luxus ich hier rede. Zugegeben, dazu kommen auch noch der Gärtner und die Haushaltshilfe, die drei Mal pro Woche bei uns ist. Eigentlich kann sie gleich bei uns einziehen. Ist doch klar, dass Fiona keine Zeit für mich hat, obwohl ich ihr Leben sponsere.

Mein Coach hat einmal zu mir gesagt, dass manche Menschen ihre Liebe kaufen. Was für eine bodenlose Frechheit! Ich mit Sicherheit nicht! Die Aussage lässt mich dennoch nicht los. Ist es wirklich so? Letztens war Fiona sehr sauer und der herannahende Streit war bereits förmlich mit Händen zu greifen. Sie weinte und schrie mich an, dann erwähnte sie plötzlich eine Prada-Tasche und sagte, wie gut ihr dieses typische Luxusaccessoire gefiel. Fünftausendfünfhundert Euro sollte das Ding kosten, konnte sich noch mitteilen, worauf ich einfach erwiderte: »Dann kauf sie doch!« Ich wollte nur meine Ruhe haben und es war dann auch schnell wieder Ruhe. Der Konflikt war weg, scheinbar: Fiona hatte sich wenigstens sehr schnell beruhigt.

Meine Kinder sind auch dank mir bestens ausgestattet. Nehmen wir nur die Technikspielzeuge wie: neueste iPhones und iPads. Jeder sitzt da und starrt auf seine digitale Wundertüte. Meist bin ich auch froh darüber, denn ich komme mit meinen Gedanken schon jetzt nicht klar. Wenn mich jeden Tag die Kids mit ihrem Kram zusätzlich belasten würden, wäre ich doch nur genervt. Ich habe meine eigenen Probleme und die beschäftigen mich intensiv, sie haben meinen Kopf dermaßen komplett übernommen, dass ich keine Lust und Kraft verspüre, egal mit wem zu reden. Ehrlich gesagt bin ich im Inneren meiner Seele froh, dass mich meine Familie in den letzten Monaten mehr und mehr in Ruhe gelassen hat.

Nun bin ich im Krankenhaus. Als Privatpatient habe ich mir den Luxus gegönnt, ein Einzelzimmer zu nehmen, und merke gerade, wie einsam ich geworden bin. Ich bin im Krankenhaus und niemand steht mir eigentlich wirklich nahe. Ach, wie schön wäre es doch, jetzt einen Zimmernachbarn zu haben, der mir einfach zuhört und mich so akzeptiert, wie ich bin. Meine Trauer, meine Angst und die fürchterliche Einsamkeit machen mich verrückt. Ich bin allen hier egal. Ich bin so tief gefallen wie noch nie in meinem Leben und glaube nicht, dass ich des Lebens wert bin.

Und plötzlich erscheint Fiona vor meinem inneren Auge … Sie hat sich schick gemacht, hat ihr wunderschönes Kleid, das wir letztens zusammen gekauft haben, an. Es läuft ihre Lieblingsmusik, Stacey Kent »To say goodbye« im Hintergrund …

It's all over now
You've been gone before, but this time it's over
There's no more to say, you're not coming back
You just close the door, leaving me alone now …

Wow, was für ein wundervoller Anblick, wenn sich Fiona langsam zur Musik bewegt. Nun sucht sie in ihrer Handtasche nach einem Lippenstift, sie nimmt ihn elegant heraus und färbt sich ihre vollen Lippen. Die Farbe der Lippen passt nun perfekt zum Farbton ihrer Fingernägel. Wie wundervoll harmoniert ihr dunkelbraunes und elegantes Kleid mit den High Heels. Wow, was für eine Frau! Fiona ist nicht nur schön, sie hat Geschmack und Stil, einfach das gewisse Etwas. So wird mir plötzlich klar, dass ich sie eigentlich nur noch als Ehepartner wahrgenommen habe, ihre Schönheit, ihren Sex-Appeal habe ich gar nicht mehr bemerkt.

It's all over now ...
There's no more to say ...

Wie wahr und andererseits: wie seltsam. Früher habe ich fast täglich nur die Melodie genossen, heute höre ich zum ersten Mal bei dem Song auf den Text. Worte können doch unglaublich treffend sein. Sogar die Musik spiegelt meine Seele und ihren miserablen Zustand wider. Meine Fiona steht vor dem Spiegel, ich erkenne ihre ganze Schönheit und weiß nicht, ob ich sie hasse oder einfach nur wütend bin, dass sie mich nicht mehr liebt.

Glückwunsch, Jan, du verlierst die Frau, mit der du für immer zusammen sein wolltest! Doch ich kann mich ja selbst trösten: »Alles wird besser, wenn du dich dafür entscheidest, dass es dir egal ist.« Leider ist das aber nur eine Stimme in meinem Kopf, eine andere Stimme, mein innerer Kritiker, mahnt: »Jan, lieber Jan, Fiona ist dir nicht egal.« – Oder ist sie mir doch egal?

You just close the door, leaving me alone now ...

Das tut so weh. Es fühlt sich an wie ein Ausbruch der Emotionen tief in mir, nur weiß ich nicht damit umzugehen. Die Ärzte haben nur ihre üblichen paar Minuten und verstehen mich nicht oder wollen mich nicht verstehen. Ich weiß es in diesem Moment einfach nicht. Diese Verzweiflung und das Gefühl, des Lebens müde zu sein –, so liege ich da und starre auf die Decke, die mir leider auch keine Antworten liefert. Gerade erwische ich mich dabei, dass ich so hoffnungslos auf Antworten warte, dabei habe ich noch nicht mal eine Frage gestellt.

Plötzlich habe ich einen Flashback und muss an einen Spruch denken, den ich mal gehört habe: »Ob ein Mensch klug ist, erkennt man an seinen Antworten, ob ein Mensch weise ist, erkennt man an seinen Fragen.«

Na ja, das ist noch ein langer Weg. Wieso aber eigentlich nicht jetzt meinen Coach anrufen und um ihre Hilfe bitten. So langsam wird sie mir auch immer vertrauter. Bei ihr öffnete ich mich zum ersten Mal gegenüber einem Mitmenschen und sprach über mein Leben. Ich weiß nicht, warum, sie zaubert eine Atmosphäre, in der es einem auf einmal leichtfällt, sogar etwas sehr Privates preiszugeben.

Wenn nicht heute, wann dann? Freitagabend, alle genießen sicherlich ihr begonnenes Wochenende, lachen, kochen was zusammen oder spielen mit den Kindern, und ich bin hier in einem Krankenhauszimmer, wie abgeschoben, hoffnungslos einsam. Sie geht sicherlich nicht ans Telefon, an einem Freitagabend muss sie dies auch nicht. Wer weiß, vielleicht hat sie auch noch einen Termin, der etwas länger dauert. Wenn du nicht fragst, ist die Antwort immer »Nein«, hat meine Oma gerne gesagt. Ja, die Oma hätte mich nie allein gelassen. Nur lebt sie leider seit vielen Jahren nicht mehr. Vielleicht war sie die Einzige, die mich je geliebt hat. Wenn ich an sie denke, fühlt sich das angenehm und warm an. Immer war meine Oma für mich da. Auch dann, wenn alle anderen wieder einmal keine Zeit hatten.

Die gespeicherte Nummer in meinem Handy finde ich leicht unter »Coach« ..., wie lieblos ich sie damals doch in meinem Adressbuch benannt habe. Nach wenigen Freizeichen meldet sich ihre angenehme Stimme und sofort geht es mir schon ein Stück besser. Nach meinem Bericht, wie schlimm ich mich fühle, und einem Vorschlag, die schon geplanten nächsten Termine auf Telefongespräche zu verteilen, antwortet sie: »Ich verstehe, wie dringend ist es für Sie? So kann ich meine Zeit besser abschätzen und Ihnen einen Vorschlag machen.«

»Oh, Gott!«, denke ich. »Am liebsten wäre es mir jetzt sofort, nur ist es etwas unverschämt, einen Menschen damit an einem Freitagabend zu belästigen.«
»Für heute Abend habe ich in der Tat schon andere Pläne und kann Ihnen einen Termin morgen früh gegen sieben Uhr anbieten.«
»Sieben Uhr passt perfekt, ich kann hier sowieso nicht schlafen!«
»In Ordnung, ich freue mich auf morgen«, höre ich aus dem Telefon.
»Würden Sie mir bitte noch eine ihrer Aufgaben geben, damit ich die Nacht überbrücken kann?«
»Okay, ganz spontan: Überlegen Sie, wofür Sie in ihrer jetzigen Situation dankbar sind.«
»Moment, wie meinen Sie dies, ›dankbar‹? Ich bin doch krank und mir geht es richtig schlecht! Wie komme ich aus diesem Gedankenkarussell?«
»Ganz genau so, wie ich es vorgeschlagen habe: indem Sie sich, bis Sie einschlafen, überlegen, wofür Sie in Ihrer Situation dankbar sind.«

Diese Klarheit in ihrer Aussage fasziniert mich. Auch die Tatsache, wie souverän sie auf mich wirkt.

Und ihr Vorschlag, darüber nachzudenken, wofür ich in dieser Situation dankbar bin! Ob das hilft? – Nun gut, ich habe nichts zu verlieren oder: Schlimmer kann es nicht mehr kommen.

Ein warmes Gefühl breitet sich aus, ich mache es mir gemütlich und alles erinnert mich an meine Oma. Sie hätte mich jetzt zugedeckt und mir eine Geschichte erzählt. Eine Geschichte, in der ich als Held selbst mittendrin bin. Die Lungenentzündung hätte bei ihr bestimmt auch ein Gesicht bekommen und zusammen mit Freunden würden wir uns auf ein Abenteuer einlassen.

Angenehme Töne kommen aus meinem iPhone und auch wenn es um etwas anderes geht, stelle ich mir schon wieder meine Oma vor, die »Close your eyes« von Stacey Kent für mich singt …

Close your eyes,
Put your head on my shoulder and sleep.
Close your eyes.
And I will close mine.
Close your eyes,
Let's pretend that we're both counting sheep.
Close your eyes.

Schafe zählen, wie süß. Ja, das haben wir damals mit der Oma gemacht. Meine Eltern haben ständig gearbeitet, waren auf Geschäftsreise, mit Kunden unterwegs, zu Hause waren sie meist sehr spät. Manchmal als Kind habe ich aus dem Fenster geschaut und auf sie gewartet und wenn mein Vater endlich zu Hause war und ich ihm etwas ganz Wichtiges erzählen wollte, hat er meistens »Jetzt nicht!« gesagt.

Okay, die Aufgabe war, dass ich mir überlegen soll, wofür ich besonders dankbar bin. Müsste die Frage nicht eher lauten, wem ich besonders dankbar bin? Wofür bin ich also meinem

Vater besonders dankbar? Na ja, er hat mir immer die teuersten Geschenke gekauft und damit konnte ich dann wunderbar in der Schule angeben. Ich war beliebt, alle Kinder wollten immer so gerne zu meinen Geburtstagspartys kommen! Alle haben mich und unser schönes Haus bewundert. Ich fühlte mich als Kind dann wie ein König. Nur kamen sie nicht meinetwegen ... Schon mein Kinderzimmer in unserer Villa war sicherlich größer als das Wohnzimmer bei vielen meiner Klassenkameraden. Dort hätte unsere ganze Klasse übernachten können. Mein Vater sagte dann gerne: »Das Beste für dich, Jan!«, und irgendwie stimmte es auch. Ich habe immer das Beste bekommen. Die angesagtesten, teuersten Sachen, private Mentoren für meine Schwächen in der Schule, eine Nanny für die Zeiten, wenn meine Eltern unterwegs waren, und dennoch fehlte mir ständig irgendetwas. Zufrieden war ich nie. Jetzt weiß ich: Meine Eltern habe mir nie beigebracht, zufrieden zu sein! Das muss mein Problem sein.

2.
Nüchterne Erkenntnisse und die Suche nach Verantwortung

Es ist zwanzig nach fünf am Morgen und ich bin schon wach, die üblichen Krankenhausgeräusche hören sich mittlerweile vertraut an. Die Schwester war kurz da und hat nach mir geschaut. Mir geht es schon ein bisschen besser. Das Frühstück ist hier ein Horror, wobei ich sowieso keinen Appetit habe. Das einzig Gute ist, es wird ans Bett gebracht, witzig. Mein Kopf tut noch weh, aber die Gliederschmerzen lassen nach. Wenn der Husten nicht wäre, würde ich schon fast wieder arbeiten gehen wollen. Die Welt retten. Die Unwissenheit über den aktuellen Stand der Projekte macht mich irre. Ich habe logischerweise mein Firmenhandy dabei, nur der Empfang ist zu schlecht. Wenn der Arzt kommt, werde ich mich beschweren! Unglaublich, was sie sich hier einbilden. Vielleicht sollte ich einfach ein Taxi nehmen und nach Hause fahren, dort bin ich auf dem neusten Stand. Arbeiten gehen könnte ich eigentlich auch, mit Antibiotika und Hustentabletten würde es sicherlich gehen, wenn ich nicht so viel laufen muss. Denn das ist noch nicht optimal. Ich fühle mich sehr schwach, und ich weiß nicht, warum.

Es ist endlich sieben Uhr und mein Coach ruft an. Ich berichte, wie schlimm es mir geht, und erzähle ihr von meiner Sorge, dass die Projekte jetzt sicherlich ohne mich radikal scheitern werden! Ich fühle mich so eingeschränkt und habe den Eindruck, kein Glück verdient zu haben. Ich bin so traurig und deprimiert. Sie hört genau zu und plötzlich kommt sie mit einer für mich unerwarteten Frage: »Wenn es jetzt magischerweise möglich wäre, dass Sie ganz gesund sind: Wie wäre dies für Sie?«

»Das wäre das Beste, was mir passieren könnte!«, sage ich spontan.

»Okay, verstehe. Was wäre der Nachteil?«

»Der Nachteil, wieder gesund zu sein?«
»Genau!«
»Es gibt keinen, es hätte nur Vorteile. Ich könnte wieder arbeiten gehen und hätte eine sinnvolle Ablenkung von meinen Gedanken, die mich gerade kaputtmachen.«
»Ihre Gedanken machen Sie kaputt? Verstehe ich das richtig?«
»Ja, genau so ist das. Sie halten meinen Kopf wie besetzt und haben ja sogar auch die Lunge angegriffen.«
»Wer hat dann die Macht? Ihre Gedanken über Sie? Oder Sie über Ihre Gedanken?«
»Oh, das ist eine interessante Frage. Die Gedanken können doch keine Macht über mich haben, es sind doch nur Gedanken.«
»Eben, nur Sie sagten mir, dass Ihre Gedanken sie gerade kaputtmachen.«
»Wie komme ich da aus dem Sumpf wieder heraus?«
»Haben Sie selbst eventuell einen Vorschlag?«
»Nein, sonst hätte ich Sie doch nicht gefragt!«, lache ich.
»Okay, wenn wir uns in eine berufliche Situation versetzen und einer Ihrer Kollegen käme mit dieser Frage, was würden Sie ihm raten?«
»Übernimm endlich die Verantwortung für deine Gedanken, damit sie nicht kontrolllos die Regie führen.«
»Na, wunderbar, das ist die Antwort. Was hält Sie davon ab, die Verantwortung für Ihre eigenen Gedanken zu übernehmen?«
»Wow, jetzt bin ich etwas sprachlos, wie einfach die Sache ist. Wieso nur ist mir dies selbst nicht eingefallen? – Ja, den anderen Ratschläge zu geben, ist immer einfacher, als die Weisheiten selbst zu leben.«
»So ist das. Was bedeutet das ab jetzt für Sie?«
»Dass ich die Verantwortung für meine Gedanken übernehmen muss.«

»Müssen Sie das?«

»Oh, schon wieder ein ›Muss‹. Ja, Sie haben mich erwischt. Nein, muss ich nicht. Ich möchte, oder noch besser: Ich will! Das klingt für mich kraftvoller.«

»Wie gut ist es Ihnen seit unserem Gespräch gestern gelungen, die Verantwortung für Ihre Gedanken zu übernehmen?«

»Moment, das war noch nicht mal die Hausaufgabe. Ich sollte mir doch Gedanken machen, wofür ich in meinem jetzigen Zustand dankbar bin!«

»Genau, und wie ist es Ihnen gelungen?«

»Da gibt es noch Verbesserungsbedarf! Vieles kam hoch, zum Beispiel auch, dass ich mich schon als Kind verlassen gefühlt habe. Meine Eltern hatten nie Zeit für mich, ich war so einsam. Die Trennung von Fiona kann ich kaum aushalten. Das ist so eine große Veränderung, sie loslassen kann ich nicht.«

»Sie sprechen von einer Trennung. Ist es schon so weit? Davon wusste ich nichts. Bin ich nicht auf dem aktuellen Stand?«

»Vor ein paar Tagen sagte Fiona mir: ›Ich liebe dich, aber du bist den Kampf, der mich zerstört, nicht mehr wert.‹ Wie soll ich das sonst deuten? Sie verlässt mich oder hat mich schon verlassen.

Ich habe in sie so viel investiert! Es ist wie mit einer Firma, verstehen Sie? Sie zahlen ein und zahlen noch mehr ein und plötzlich wird der Investor überflüssig. Das tut weh! Sogar hier im Krankenhaus bin ich so verdammt einsam. Keiner kommt mich besuchen! Es ist ihre Aufgabe, jetzt bei mir zu sein, damit ich nicht so einsam bin –, nur, ich bin ihr anscheinend völlig egal. Das macht mich unglaublich traurig.«

»Was, aus Ihrer Sicht, ist der Unterschied zwischen einsam sein und allein sein?«, fragt meine Gesprächspartnerin.

»Komische Frage. Da gibt es keinen Unterschied!«, sage ich aus dem Bauch heraus.

»Ich sehe das anders. Alleinsein und Einsamkeit *können* gemeinsam auftreten, *müssen* das aber keineswegs.«
»Verstehe ich nicht.«
»Alleinsein und Einsamkeit werden häufig verwechselt und bedeutungsgleich verwendet. Dabei bezeichnen sie zwei ganz unterschiedliche Dinge. Alleinsein ist nichts weiter als ein Zustand. Ich kann beispielsweise allein bei mir im Büro sitzen und arbeiten oder ich kann allein spazieren gehen, und zwar ohne mich einsam zu fühlen. Einsamkeit hingegen ist ein Gefühl und beschreibt mein inneres Befinden.«
»Ja, da klingelt etwas bei mir. Ich glaube, ich verstehe, was Sie damit sagen wollen. Wenn ich einsam bin oder, besser gesagt, wenn ich mich einsam fühle, fühle ich mich ungeliebt und von der Welt verlassen. Wissen Sie, ich habe ein Einzelzimmer und beschwere mich, dass ich so einsam bin. Noch nicht mal einen Zimmernachbarn habe ich hier. Wobei richtig wäre zu sagen, dass ich allein bin. Das ist mein Zustand und eine Tatsache. Allerdings habe ich mich selbst für diesen Luxus entschieden.«
»Genau so ist das. Ein einsamer Mensch kann mit vielen Menschen zusammen sein und sich trotzdem zutiefst einsam fühlen.«
Nach einer kurzen Überlegung sage ich: »Okay, aber an unserer Einsamkeit sind doch die anderen schuld. Ich sehe es als Aufgabe, sogar Pflicht meiner Frau, bei mir zu sein, damit ich mich nicht einsam fühle.«
»Damit Sie nicht allein sind, ja. Und Pflicht oder Aufgabe haben Sie selbst so ausgedrückt. Wie fühlt sich Ihre Einsamkeit an?«
»Wie eine innere Leere und Verlassenheit. Entschuldigung, Sie meinen, dass die Einsamkeit nicht an die An- oder Abwesenheit von Menschen gebunden ist?«

»Ja, und sie ist auch nicht an die Anzahl von Menschen gebunden, die wir kennen. Wer einsam ist, dem fehlen nicht einfach Menschen – sondern das Gefühl, von ihnen beachtet zu werden, anerkannt, wertgeschätzt und gebraucht zu sein«, sagt mein Coach.
»Okay, das bedeutet, die innere Leere kann nur ich allein füllen?«
»Genau. Und womit können Sie diese innere Leere füllen?«
»Ehrlich gesagt, manchmal füllte ich diese Leere mit der Arbeit. Na ja, nicht nur manchmal, eigentlich fast immer. Früher hatten Fiona und ich sehr viele Snacks und ein paar Gläser Wein standen jeden Abend da ..., möglicherweise, um genau diese Leere zu füllen, wie ich es jetzt sehe.«
»Wie wäre es, wenn ich Ihnen sagen würde, dass Sie die innere Leere mit Liebe füllen?«
»Sehen Sie, das geht eben nicht. Oder nicht mehr, denn Fiona liebt mich nicht mehr.«
»Erinnern Sie sich an den Satz: ›Love is an inside job‹?«, sagt sie.
»Ja, da war was. Den Satz habe ich schon ein paar Mal gehört. Von Ihnen, nur richtig verinnerlicht habe ich ihn nicht. Sorry, noch nicht.«
»Es ist nicht Fionas Aufgabe, Sie zu lieben, es ist ihre eigene.«
»Sie möchten mir damit sagen, dass ich mich in der ersten Linie selbst lieben muss, um liebenswert zu sein?«
»›Muss‹? Nein, sie müssen nichts, es sei denn, Sie wollen es selbst.«
»Wie soll das denn funktionieren? Scheinbar habe ich diese Art Liebe nie gelernt. Möglicherweise haben meine Eltern in Sachen Liebe grandios versagt!«

»Seien Sie bitte nicht zu hart mit Ihren Aussagen. Unsere Eltern können uns nur das geben, was sie selbst erfahren oder gelernt haben. Haben sie selbst wenig Liebe erfahren oder haben sie nicht daran geglaubt, dass sie geliebt werden, verhalten sie sich meistens ihren eigenen Kindern gegenüber ähnlich.«

»Hm, das sehe ich skeptisch. Insbesondere, wenn sie selbst kaum Liebe erfahren haben, müssen sie doch daraus gelernt haben!«

»Theoretisch ja.«

»Hm, ja, ich weiß. Ihr denkwürdiger Satz ›Theoretisch kann ich praktisch alles‹ aus einem unserer letzten Gespräche fällt mir so spontan ein.«

»Wie sieht es bei Ihnen selbst aus? Verbringen Sie viel qualitative Zeit mit Ihren Kindern? Wie zeigen Sie ihnen Ihre Liebe?«

Ich verschränke meine Arme und merke, wie es ungemütlich wird. »Es ist schmerzhaft, dies zuzugeben, aber ich befürchte, dass ich genau das bin, was ich an meinen Eltern kritisiere. Ich habe als Vater versagt.« Der letzte Satz tut besonders weh.

»Sind Sie vielleicht gerade eben etwas zu hart zu sich selbst? Wie wir wissen, hat jedes Verhalten eine positive Absicht. Welche wäre es?«

»Sie meinen, dass ich David und Marie so vernachlässigt habe?«

»Wenn Sie es selbst so sagen – ja.«

»Ich wollte meinen Kindern Luxus ermöglichen, dass sie einfach alles haben, was sie brauchen. Dafür habe ich viel gearbeitet, aber irgendwie fällt gerade alles aus dem Bild, das ich mir vorstellte.«

»Sie sagen: ›Was Kinder brauchen …‹. Was brauchen denn die Kinder Ihrer Meinung nach?«

»Eine Familie.«

»Was hätten Sie sich damals als Kind gewünscht?«

»Ich hätte mir damals Eltern gewünscht, die für mich da sind. Zum Beispiel als ich nach Hause kam, nachdem mich Stefan so geärgert hat, dass ich vor Aufregung hingefallen bin und die Kinder mich ausgelacht haben. Oder als ich in Physik eine Drei bekommen habe und Angst hatte, nach Hause zu gehen. Ich wollte so gerne in den Arm genommen und getröstet werden. So gerne hätte ich gehört, dass ich trotzdem geliebt werde und manche Lehrer einfach gemein sind. Und wenn ich mal krank war, wären mir meine Eltern deutlich lieber gewesen als die Nanny. Meine Eltern haben mir alles gekauft, was ich haben wollte, stattdessen hätte ich mir ihr Dasein und die Zeit mit ihnen gewünscht. Und viel mehr Lob als Kritik.«

»Kennen Sie eine Person in Ihrer Umgebung, die Sie an Ihre Eltern von damals erinnert?«, fragt sie.

»Ganz spontan, ja! Mein Kollege Markus, schließlich erzählt er gerne von seinem Sohn, der zur Zeit Schwierigkeiten in der Schule hat. Sein Jammern ist nicht mehr auszuhalten. Er bleibt manchmal länger im Büro, um seine Kinder nicht ertragen zu müssen, nach seiner eigenen Aussage. Schlimm, nicht wahr?«

»Okay, noch jemand, vielleicht in etwas näherer Umgebung?«

»Ha, meine Frau, natürlich! Auch ihr sind eigene Termine wichtiger als unsere Kinder. Die Nanny ist doch da, sagt sie mir manchmal.«

»Verstehe. Wie fühlen Sie sich dabei?«

»Unverschämt finde ich so ein Verhalten! Die Kinder brauchen ihre Eltern und keine Nannys. Manchmal werden die Kleinen an die Großeltern abgeschoben. Immerhin innerhalb der Familie. Immer wieder telefoniert Fiona lieber mit ihren Freundinnen, zusammen anstatt mit den Kids etwas zu machen. Als Antwort sagt sie mir, dass manche berufstätig sind und nur abends erreichbar. Trotzdem eine Frechheit!« –, sage ich und merke, wie ich wütend werde.

»Gibt es außerdem jemand, der oder die auch so ähnlich ist?«
»Ein klares Nein.«
»Okay, dann verändere ich die Frage und sage nicht mehr, ›ob Sie so jemanden kennen‹, sondern: ›Wer ist ähnlich oder genauso?‹«
»Ich verstehe die Frage nicht, Sie meinen, es gibt definitiv noch mindestens eine Person, die genauso ist?«
»Ja, diese Person kenne ich auch etwas.«
Wie ein Blitzschlag, der durch meinen Körper geht, befürchte ich das Schlimmste: »Ich?«
»Ja, wie sieht es mit Ihnen aus?«
»Oh, Sie meinen, dass ich genau das bin, was ich in anderen kritisiere, oder anders gesagt, ich bin genauso wie meine Eltern damals?«
»Ich habe dies nicht gesagt, ich frage Sie nur, wie Sie es sehen?«
»Hm, da ist etwas dran. Möglich, denn ehrlich gesagt, auch ich bleibe gerne mal länger im Büro oder arbeite in meinem Homeoffice, in dem ich nicht gestört werden möchte. Manchmal arbeite ich noch nicht mal, sondern lese etwas im Internet …, nur wissen die anderen dies nicht. Einmal kam Marie mit Tränen und wollte mir was erzählen, ich war selbst so frustriert und mit meinen eigenen Gedanken beschäftigt, dass ich sie mit einer Ausrede weggeschickt habe. Wie schrecklich ist das, was ich gerade entdecke: Ich bin auf keinen Fall besser als meine Eltern damals und kritisiere in anderen genau das, was mein eigenes Thema ist. Oh Gott, ist das unangenehm und peinlich sogar.«
»Wieso peinlich? Sie wussten es bis heute nicht besser, richtig?«

»Ja, irgendwie schon. Aber trotzdem – wieso passiert das? Ich habe es als Kind gehasst und wollte niemals so wie meine Eltern werden und jetzt sitze ich hier auf meinem Krankenhausbett und erkenne ganz klar, dass ich leider doch genauso bin. Kann man da was machen und mein Verhalten löschen oder so?«
»Löschen? Was ist, wenn Sie dadurch auch einen Teil Ihrer Persönlichkeit ›löschen‹ würden? Besser wäre es, daraus zu lernen.«
»Hoffentlich geben meine Kinder mir eine zweite Chance!«
»Ganz sicher sogar, dennoch merken Sie sich bitte: Eine zweite Chance bringt nur dann etwas, wenn wir verstanden haben, warum es beim ersten Mal nicht funktioniert hat.«
»Der Satz ist gut, den möchte ich mir merken.«
»Sie erinnern sich an die Spiegelgesetze?«
»Wie genau meinen Sie das?«, frage ich und denke mir: »Könnte sein, dass wir uns schon mal darüber ausgetauscht haben, aber ehrlich gesagt ist die Lehre noch nicht tief im Kopf.«
»Die Welt um uns herum ist wie ein Spiegel, der mir meine Beziehung zu ihr und meinem Leben spiegelt. Und so sehe ich immer nur mich, egal wohin ich schaue«, sagt sie.
»Das verstehe ich nicht so ganz. Sorry, Sie meinten, ich darf so etwas sagen.«
»Selbstverständlich, denn nur wenn wir etwas verstanden haben, können wir es auch verinnerlichen und umsetzen«, sagt sie.

Das klingt so beruhigend und vertraut. Ich mag sie immer mehr, weil ich bei ihr meine Schwächen zeigen darf und kann. Na ja, woanders eigentlich auch, nur woanders mache ich es nicht. Wieso eigentlich? Gute Frage. Vielleicht weil sie mir mit ihrer Präsenz das Gefühl vermittelt, dass ich so sein darf, wie ich wirklich bin. Oder weil ich einfach bereit bin, mich zu öffnen und zu verändern. Wer weiß …

»Alles, was wir bei anderen heftig kritisieren, was uns bei anderen aufregt oder nervt, haben wir in uns selbst.«
»Das kommt bei mir an, leider. Beziehungsweise: wieso leider? Schließlich bin ich genauso und ihr Spiegelgesetz hat mir geholfen, dies herauszufinden. Okay, akzeptiert.«
Sie schmunzelt und mir gefällt das Ganze immer mehr. Dass Veränderung sich so leicht anfühlen kann, hätte ich mir niemals vorstellen können.
»Und jetzt kommt noch etwas Wichtiges hinzu: Jede derartige Situation löst in uns ein Gefühl aus und dieses Gefühl ist entscheidend, denn es hilft uns, wenn wir daran arbeiten.«
»Können wir es an einem Beispiel anschauen, bitte?«, frage ich.
»Sie haben mir gestern am Telefon erzählt, dass Fiona sie überhaupt nicht besucht, dabei haben Sie sich sehr aufgeregt. Welches Gefühl wurde dadurch in Ihnen getriggert?«
Ich überlege kurz und antworte: »Wut, Angst, Machtlosigkeit, Traurigkeit.«
»Angst, zum Beispiel, wovor?«
»›Angst, einsam zu sein‹. Oh, Moment, da war was. Auch wenn ich mich immer noch einsam fühle, korrigiere ich mich und sage: ›Angst, allein zu sein.‹«
»Was genau macht Ihnen Angst, allein zu sein?«
»Ich glaube, das ist die Angst, alles zu verlieren, was ich mein ganzes Leben lang aufgebaut habe, und dass Fiona sicherlich schnell einen neuen Mann finden würde, daran zweifele ich nicht. Sie ist so attraktiv, ich weiß schon, was sie hat und wie die Männer sich umdrehen, wenn wir irgendwo unterwegs sind.«

Plötzlich kommt diese Traurigkeit wie eine Lawine, die ich mittlerweile leider zu gut kenne, und ich versuche, die Tränen als Erkältung zu verkaufen: »Das Schlimmste ist, dass ein neuer Mann der neue Vater für David und Marie sein wird, und was ist, wenn er besser in dieser Rolle ist als ich? Was ist, wenn die Kids ihn mehr lieben als mich? Das macht mir so eine Angst! Das ist so wie im Job, man baut etwas auf und es kommt ein Neuer, den die Mitarbeiter mehr mögen und schätzen, weil er womöglich besser ist, und alles ist weg!«

»Wovor genau haben Sie denn Angst?«

Wie aus heiterem Himmel kommt aus mir heraus: »In so einer Situation hat man Angst vor der eigenen Irrelevanz.«

»Wer genau ist denn mit ›man‹ gemeint?«, fragt sie vorsichtig nach.

Ich kämpfe mit der Antwort, wobei sie mir ganz klar im Kopf erscheint: »Ich (!) habe Angst vor meiner eigenen Irrelevanz.« Wow, jetzt ist es raus und es fühlt sich erleichternd an.

»Ich verstehe, glauben Sie oder wissen Sie, dass Sie eventuell irrelevant sind?«, fragt sie.

»Eine sehr gute Frage, lassen Sie mich bitte kurz überlegen.« Glaube ich es, vermute ich es, meine ich es, weiß ich es? Oh Gott, was ist der Unterschied? – Ich denke laut: »›Glauben‹, sagte meine Oma immer wieder, ›ist eben nicht wissen‹. Wissen ist für mich etwas, was keinen Raum zum Zweifeln lässt. Das Geglaubte andererseits lässt eine Möglichkeit der Alternative offen. Wer glaubt, der zweifelt auch. Glaube und hundertprozentige Überzeugung sind somit kaum miteinander möglich.«

»Okay, zurück zu meiner Frage: Glauben oder wissen Sie, dass Sie eventuell irrelevant sind?«

»Ich vermute es … meine es … glaube es. Ja! Wissen? Nein, ich weiß es nicht. Ist das schlimm?«

»Überhaupt nicht. Was ist Ihrer Meinung nach die größte Baustelle, die wir Menschen haben?«
»Unser Image, sowohl privat wie auch beruflich.«
»Sie meinen, wie wir von anderen Menschen gesehen werden?«
»Ganz genau!«, antworte ich stolz.
»Was ist, wenn ich sage, dass unsere größte Baustelle unser eigenes Selbstbild ist?«
»Moment mal, Sie meinen das Gegenteil dessen, was ich vorhin gesagt habe? Also, wie wir uns selbst sehen?« Volltreffer, denke ich mir dabei! Das ist es. »Wieso tendiert man eigentlich dazu, sich immer mehr mit der Außenwelt zu beschäftigen als mit seinen eigenen Gedanken?«
»Das sind doch auch unsere eigenen Gedanken, nicht wahr? Oder wissen wir immer und ganz genau, was die anderen denken? Angenommen, dass sie sich überhaupt so viel mit uns in ihren Gedanken beschäftigen. Noch nicht mal das wissen wir. Vielleicht glauben wir das bloß«, sagt sie. »Und übrigens, welcher ›man‹ tendiert ›eigentlich‹ und ›immer‹ dazu, sich damit zu beschäftigen?«
»Okay, verstanden ... Wieso tendiere ich so stark dazu, mich mit den Gedanken oder meinen Vermutungen, was die anderen denken könnten, zu beschäftigen?« Ich atme tief ein und aus und sage: »Ich bin so glücklich, dass Sie sich Zeit für mich genommen haben!« Dieses Gespräch hilft mir gerade mehr als jede Pille hier im Krankenhaus, denn auch Worte können heilen, wie ich eben gerade merke.

Am Ende unseres Telefonats spreche ich noch etwas an, was zwar unangenehm ist, mich aber dennoch nicht loslässt.

»Eine Frage von vorhin beschäftigt mich immer noch, nämlich welche Nachteile ich hätte, wenn ich wie durch Zauberei sofort wieder gesund wäre. Nur, sorry, darauf habe ich keine Antwort, auch wenn es jetzt komisch klingt.«
Ihre Stimme strahlt eine tiefe Ruhe aus, während sie sagt: »Jetzt noch nicht, wenn Sie die Frage dennoch immer noch beschäftigt, lassen Sie sich Zeit. Wer weiß, welches Geschenk sich eventuell dahinter verbirgt.«

Geschenk? Krankheit als Geschenk? Ich weiß nicht ... Wobei das Gespräch gerade sehr wohltuend war. Ich versuche mich an die Details zu erinnern. Vielleicht ist es doch besser, mir ab sofort bereits während des Gesprächs Notizen zu machen, bevor die erholsame(n) Gedanken und Impulse sich aus dem Staub machen. Wie komme ich eigentlich jetzt auf erholsame Gedanken? Können Gedanken überhaupt heilen?

3.
Gedanken über meine Gedanken

Nach dem Telefonat habe ich mich entschieden, meine Gedanken zu Papier zu bringen. Nicht, dass ich mein iPhone nicht dabeihätte, nur das ist etwas anders. Okay, ich gebe zu, mein Firmenhandy lenkt mich permanent ab, da der Wille, ständig auf dem neusten Stand zu sein, im Moment einfach zu groß ist. Das ist wie bei Kindern und gerne kritisiere ich David und Marie dafür, dass sie nicht zuhören, sondern mental irgendwo anders unterwegs sind. Und ich selbst? Es ist schwer, nun gut. Schritt für Schritt. Die Schwester war so lieb und hat mir einen Block mit dem Krankenhauslogo geschenkt. Wie war die Frage noch mal? So etwas wie: »Wenn es jetzt magischerweise möglich wäre, dass ich ganz gesund wäre: Welchen Nachteil hätte ich dabei dann?« Die Antwort ist mir immer noch nicht klar, vielleicht komme ich später drauf.

Mein Drang, die Welt retten zu wollen, macht mich einerseits abhängig von dem Geschehen in der Firma, andererseits merke ich, dass es leider auch ohne mich läuft. – Die Angst vor der eigenen Irrelevanz ..., da ist sie wieder. Dann noch der Teil des Gesprächs über meine Eltern: Möglicherweise haben meine Eltern in Sachen Liebe grandios versagt, weil sie mir nie zu lieben beigebracht haben. Genauso haben sie mir nie beigebracht, zufrieden zu sein.

Der Unterschied zwischen »allein sein« und »einsam sein« ist bei mir wenigsten theoretisch angekommen, was ich damit mache, ist aber noch nicht klar – später den Coach darauf ansprechen! Innere Leere mit Liebe füllen. Meine Güte, klingt das esoterisch. Andererseits, die Leere mit Arbeit, Angst, Trauer und noch mehr Arbeit zu füllen habe ich bereits versucht. Das war ein Fass ohne Boden und funktioniert auf die Dauer nicht, sonst wäre ich jetzt nicht im Krankenhaus.

»Glaube ich das oder weiß ich das?«, hat mein Coach dazu gefragt.

Was noch fehlt, wäre, bei einer Fuckup Night auf der Bühne meine Geschichte zu präsentieren. Wieso eigentlich nicht, da stellen sich sonst auch Menschen hin und erzählen, wie sie ihren Job verloren haben, bankrottgegangen sind und ihr Unternehmen an die Wand gefahren haben. Sie werden als Stars beklatscht und erscheinen als Vorbilder in den Medien. Okay, das alles ist bei mir noch nicht passiert, den Job habe ich immer noch und bin sogar ziemlich erfolgreich (der CEO hat letztens eine Chance angedeutet, dass ich eventuell die nächste Karrierestufe erreiche), bankrott bin ich keinesfalls. Allein dank meiner Eltern könnte ich finanziell unabhängig und sorgenfrei leben. Mein Gehalt ist auch nicht schlecht … Eigentlich kein Grund, beunruhigt zu sein. Kein Unternehmen habe ich an die Wand gefahren, ganz im Gegenteil – es läuft von Jahr zu Jahr immer besser. Was ich an die Wand gefahren habe, das bin ich selbst. Oha! Das tut weh. Wer weiß, vielleicht ist auch meine Geschichte eines Tages für den einen oder anderen interessant? Es ist nicht alles Gold, was glänzt.

Das habe ich im Gespräch sehr verinnerlicht: Unsere größte Baustelle ist unser eigenes Selbstbild, und das ist keinesfalls Gold bei mir im Moment. Nach außen glänzen kann ich trotzdem weiter …, das bringt mir aber nichts (mehr).

Schlimmer ist, dass ich letztens irgendwo gelesen habe, dass die Führungskräfte immer mehr zu Coaches und Vorbildern für ihre Mitarbeiter werden sollen. Auweia, dann bin ich der »Richtige«. Eine Führungskraft, die ihr eigenes Leben nicht auf die Reihe kriegt.

Ich verspüre schon wieder Mitleid mit mir selbst, während eine innere Stimme mir leise ins Ohr flüstert: »Übernimm endlich die Verantwortung für deine Gedanken. Sie tun dir gerade nicht gut.« – Okay, Verantwortung für meine Gedanke übernehmen, was auch immer das bedeutet.

Innere Leere hatten wir angesprochen und wie aus dem Nichts erscheint mir wieder Marie vor dem inneren Auge. Ob ich das meinem Coach erzählen sollte? Jeder hat Leichen im Keller und diese Geschichte hat mich damals so berührt. Puh, wenn schon, denn schon …

Als am nächsten Tag der Termin für unseren Video Call naht, freue ich mich wirklich auf das Gespräch. Wer hätte das gedacht, noch vor wenigen Wochen fand ich, Coaching sei eine sinnlose Zeitverschwendung. Was für eine Wende. Nach einem kurzen Small Talk über meinen Zustand erzähle ich die Geschichte mit meiner Tochter, Marie, die mir einfach nicht aus dem Kopf geht: Vor ein paar Wochen, an einem regnerischen Spätnachmittag, kam Marie zu mir, schon in ihrem Schlafanzug, mit dem Lieblingsteddy unter dem Arm. Sie nimmt ihn überallhin mit, ganz besonders, wenn sie sehr aufgeregt ist. Zum Beispiel, wenn sie zum Arzt muss, wegen einer Impfung oder wegen einer Zahnkontrolle. Einmal in Frankreich im Urlaub hatte sie sich verletzt, ich musste zurück ins Hotel und den Teddy holen, weil sie so sehr geweint hat und ohne ihn nicht aus dem Auto aussteigen wollte.

Sie sah besorgt und aufgeregt aus, als sie sich in mein Büro schlich. Sie stellte sich vorsichtig neben mich und sagte: »Papa, darf ich dich etwas fragen?«
»Klar, Süße, was möchtest du wissen?«, sagte ich.

»Papa, was verdienst du eigentlich pro Stunde?«
»So um die hundertfünfzig Euro, wieso?«, sagte ich, ohne nachzudenken. Eigentlich haben die Kinder das nicht zu wissen und überhaupt sind solche Themen vertraulich. Egal, ist schon raus.
Sie schaut mich mit ihren großen schönen Augen an und sagt:
»Papa, wenn ich hundertfünfzig Euro brauche, was fehlt mir?«
»Wie viel hast du denn jetzt schon gespart?«
»Zwanzig Euro«
»Dann brauchst du noch hundertdreißig Euro«, antworte ich.
»Okay, Papa, kannst du mir hundertdreißig Euro ausleihen?«

Oh man, als ich das gehört habe, bin ich echt sauer geworden, schon wieder will sie irgendwas kaufen. Genauso wie ihre Mutter! Als ob ich hier ein Goldesel wäre, jede will nur mein Geld!

»Marie, was willst du denn damit? Was brauchst du noch? Du hast genug Sachen! Lerne zu sparen!«
»Papa, ich spare schon seit Weihnachten ...«, sagt sie ängstlich.
»Worauf denn? Was fehlt dir? Du solltest lieber mal darüber nachdenken, dass ich täglich viel arbeite, unter Stress leide, um das Geld für uns alle zu verdienen, und dann kommst du hier rein und willst für irgendeinen Schwachsinn hundertdreißig Euro haben. So geht es nicht! Ab ins Bett! Schluss mit dem Nonsens.«

Marie ging in ihr Zimmer und ich regte mich weiter auf, wie frech die Kinder heute geworden sind, denn sie wissen ganz genau, wie sie mit einem Hundeblick alles kriegen, was sie wollen. So mit Sicherheit nicht! Etwas später hatte ich mich beruhigt und wollte nach Marie sehen. Sie saß in ihrem Bett mit ihrem Lieblingsteddy und weinte.

»Okay, Marie, es tut mir leid. Ich habe ein bisschen überreagiert und habe mich entschieden, dir das Geld zu geben, wenn du mir sagst, wofür du die hundertdreißig Euro brauchst.«

Plötzlich holte sie ihre Schatzkiste, die unter dem Bett stand, und gab mir viele Münzen.

»Ich habe gestern mit Mama zusammen gezählt, es sind zwanzig Euro!«
»Marie, jetzt werde ich wieder sauer, warum fragst du mich nach hundertdreißig Euro? Das ist viel Geld. Du hast genug Geld für dein Alter.«
»Weil ich *nicht* genug habe.«

Dieses »nicht genug« kenne ich zu gut von Fiona. Nicht genug für das, nicht genug für dies. »Wofür hast du nicht genug, Marie?« Ich könnte schon wieder ausrasten! Das »ich brauche das« kann ich nicht mehr hören!

»Papa, wenn du mir die hundertdreißig Euro gibst und ich dann die hundertfünfzig Euro zusammenhabe, kann ich damit eine Stunde deiner Zeit kaufen? Dann machen wir was zusammen, nur du und ich! Wir gehen Eis essen oder wir spielen was. Ich bestimme, okay? Nur bitte ohne David und Mama, nur du und ich.«

Meine Tochter wollte eine Stunde meiner Zeit kaufen, beim Gedanken daran versinke ich vor Scham im Stuhl. Ich war berührt und überwältigt. Meine Tochter spart monatelang, um eine Stunde meiner Zeit zu kaufen, und ich bin blind und ignorant, schreie sie an, ohne ins Detail zu gehen und ihr zuzuhören, fühle mich getriggert durch Worte, die mir bereits bekannt sind und mich auf die Palme bringen, und dann kommt so etwas ... Am nächsten Tag haben wir zwei tatsächlich etwas zusammen gemacht, nur sie und ich.

Sie beobachtet mich genau und fragt: »Was haben Sie daraus gelernt?«
Ich: »Nichts! Einmal – und dann war ich wie immer busy, Termine, Telefonate, übliche Ausreden. Täglicher Wahnsinn eben. Als Sie mich nach meinen Eltern gefragt haben, habe ich stolz geantwortet, dass meine Eltern grandios in Sachen Liebe versagt haben und ich sie dafür kritisiere. Erst später ist mir bewusst geworden, dass ich selbst genau das bin, was ich in meinen Eltern kritisiere. Nämlich, dass ich der Versager bin. Nein, ich korrigiere, dass ich der Versager war.«
»Wie geht es Ihnen dabei?«, fragt sie.
»Erstaunlicherweise gut, ich fühle mich erleichtert. Die Botschaft ist bei mir auch praktisch angekommen, nicht nur theoretisch. Wieso ist das so?«
»Wie fühlt es sich an, wenn wir andere Menschen für unser Leid verantwortlich machen?«
»Gut!«
»Ja, das mag sein, nur, so bleiben wir für immer von diesen Menschen abhängig, handlungsunfähig und machtlos.«
»Stimmt, weil wir die anderen vielleicht kritisieren können, aber höchstwahrscheinlich nicht verändern«, sage ich, und dabei erscheinen vor meinem inneren Auge die Bilder meiner Mitarbeiter, meines Chefs, von Fiona. »Sorry, eine Frage: Wenn wir nun schon mal solche Themen in uns herumtragen, betrifft es nur unser privates Leben oder auch das Geschäft?«
»Was ist Ihr Eindruck?«, fragt sie mit ihrer ruhigen Stimme.

»Also, in der Firma bin ich eigentlich ganz anders. Außerdem arbeiten wir dort zusammen und das hat mit Liebe wenig zu tun, oder verstehe ich etwas falsch?«
»Mit dem Begriff ›Liebe‹ direkt wahrscheinlich nicht, vielleicht wird sie in unserem beruflichen Umfeld anders genannt. Haben Sie einen Vorschlag? Was ist den Mitarbeitern und Ihnen selbst sehr wichtig? Wofür werden die Führungskräfte meistens kritisiert?«
»Fehlendes Feedback, so war das bei mir.«
»Okay, was steckt dahinter? Das Thema hinter dem Thema? Was verstehen die Menschen unter Feedback?«
»Einen Überblick über ihre Leistungen, ob Ziele erreicht wurden oder nicht. Ein Gespräch über ihre Beförderung und Entwicklung.«
»Okay, verstehe. Wie sieht es mit Ihnen selbst aus? Was bedeutet für Sie ein Feedback Ihres Vorgesetzten?«
»Anerkennung und Wertschätzung meiner Leistungen ist mir persönlich sehr wichtig.«
»Wie ist es mit Ihren Mitarbeitern? Sind ihnen Anerkennung und Wertschätzung auch wichtig?«
»Gute Frage. Ich denke, da hat jeder andere Vorstellungen, was einem wichtig ist, und bei uns im Unternehmen steht der Mensch ja im Mittelpunkt.«
»Was genau bedeutet das für Sie persönlich?«
»Ah, wissen Sie, darüber habe ich mir in der Tat schon öfters Gedanken gemacht und eigentlich wäre es richtiger zu sagen, dass der Profit bei uns im Mittelpunkt steht. Nur, das kommt nicht gut an bei den Mitarbeitern und Kunden. Im Grunde genommen ist dieser Spruch einfach lächerlich und nicht anders als eine leere Floskel, die unser Unternehmensbild super aussehen lässt!«
»Wer hat die Entscheidung dafür getroffen?«

»Na, wir, das Management, wobei die Berater monatelang an den Vorschlägen gearbeitet haben.«
»›Wir‹ bedeutet auch Sie?«
»So sieht es aus. Alles Show und das überall. Angefangen bei den persönlichen Themen bis zu Firmensprüchen. Traurig. Aber was soll ich tun?«
»Spontan fallen mir mindestens zwei Optionen ein: entweder den Spruch anzupassen oder die Kultur im Unternehmen so zu entwickeln, dass sie dazu passt. Als Entscheider können Sie etwas bewirken, zumindest sollte es so sein, nicht wahr?«
»Okay, Schritt für Schritt. Ich fange erst mal bei mir selbst an und dann sehen wir weiter.«
»Nur so ist jede tief greifende und nachhaltige Veränderung in einem Unternehmen überhaupt möglich, wenn die Führungskräfte bei sich selbst anfangen«, sagt sie, und ich fange an zu begreifen, was sie damit meint. Auch die Parallele im privaten und beruflichen Umfeld, was Liebe beziehungsweise Wertschätzung angeht. So habe ich die beiden Begriffe nicht gesehen, aber ja, meine fehlende Liebe mir selbst gegenüber und auch die fehlende Wertschätzung spiegeln sich überall wider. Die Mitarbeiterbefragungen haben genau das ergeben, meinen Kollegen und Mitarbeitern fehlt die Wertschätzung. Wie soll ich sie aber herbeizaubern, wenn ich diese selbst nicht kenne? So langsam macht mein Coaching immer mehr Sinn. Mein Coach hat einmal gesagt: »Gutes Coaching ist der Weg von Selbstzerstörung zur Selbstentwicklung«, und ja, ich bin auf einem guten Weg.
»Sie haben mir beim ersten Telefonat eine Frage mitgegeben: Wofür ich dankbar bin in meiner jetzigen Situation, und heute weiß ich das. Ich bin natürlich Ihnen sehr dankbar, dass Sie sich so schnell Zeit für mich genommen haben, und viel mehr bin ich mir selbst dankbar, dass ich mich getraut habe,

meine Sorgen zu teilen und mich überhaupt so zu öffnen. Ein Stein fällt mir vom Herzen. Im Prinzip hat sich kaum etwas im Außen verändert und doch fühlt sich vieles anders an. Heute Nachmittag werde ich hier hoffentlich aus dem Krankenhaus entlassen und sehe das als nächsten Schritt, um aus der Komfortzone herauszutreten. Wobei ich ehrlich gesagt Angst habe, nach Hause zu gehen und wieder in die alte Realität einzutauchen.«

»Wovor genau haben Sie Angst?«

»In meinem Kopf bin ich schon weiter, aber was ist, wenn die Familie nicht mitspielt? Wenn Fiona genauso abweisend ist wie die letzten Wochen? Die Kinder auch wenig Interesse zeigen?«

»Wenn alles möglich wäre, was würden Sie in dieser Situation machen?«

»Gute Frage. Sofort wieder zur Arbeit gehen! Und hoffen, dass sich die Lage zu Hause von allein entspannt.«

Sie schaut mich an und sagt: »Sozusagen wieder in die Komfortzone oder in Ihr altes Leben zurück? In der Hoffnung, dass die anderen anfangen?«

»Ja, ehrlich gesagt schon. Sie haben mich erwischt, oder besser gesagt, ich habe mich selbst erwischt. Nur, wo fange ich an? Was mache ich als Erstes? Vielleicht soll ich doch lieber noch ein paar Tage hier im Krankenhaus bleiben, was meinen Sie?«

»Das entscheiden sehr wahrscheinlich Ihre Ärzte.«

»Stimmt, und schon wieder habe ich mich erwischt. Der Release wird verschoben, sozusagen, weil der Entscheider noch kein grünes Licht gibt. Diese Entscheidung ist nicht in meiner Macht. Ich wollte tatsächlich meine dominante Seite wieder aktivieren und die Ärzte überreden, weil die Firma mich braucht!«

»Wer braucht Sie im Moment viel mehr?«

»Die Frage verstehe ich nicht. Sie meinen, meine Familie? Die wahrscheinlich nicht. Ich hoffe sehr, dass sie sich jetzt liebevoll um mich kümmern werden. Denn ich bin immer noch sehr schwach und krank! Sonst … hm.«
»Ich meine überwiegend jemand anderen.«
»Machen Sie es bitte nicht so spannend. Wer braucht mich denn im Moment viel mehr? Wenn nicht die Firma oder meine Familie, wer denn sonst?«
»Haben Sie in Ihrem Zimmer auch ein Bad?«, fragt sie.
»Klar, das ist hier wie im Luxushotel, Einzelzimmer fünf Sterne mit Bad.«
»Dort finden Sie die Antwort.«
»Klingt etwas seltsam. Ich mache mir Gedanken bis zum nächsten Telefonat.«

4.
Wer braucht mich am meisten?

Direkt nach dem Telefonat gehe ich in das Bad, dort sollte ich die Antwort auf ihre Frage finden. Was meint sie? Eigentlich war sie nie hier und trotzdem hat sie anscheinend etwas in meinem Bad versteckt. Oder hat sie eine Schwester gebeten, ihr zu helfen? Sogar meinen Arzt? Wundern würde es mich nicht, denn sie kennt so viele Menschen. Vielleicht war einer zufälligerweise ihr Kunde. Ich durchsuche das Badezimmer, es steht zum Glück kaum etwas herum. Toilette, Dusche, ein Hocker. Ich finde nichts. Es ist ein bisschen wie in einem Agentenfilm: Eine Botschaft wurde für mich versteckt und ich muss dieses Rätsel lösen. Die Schublade unter dem Waschbecken ist leer, meine Sachen stehen alle oben.

Diese Aufgabe macht mich müde und ich merke, dass ich doch noch nicht so fit bin, wie ich gerne wäre. Vielleicht ist es in der Tat besser, erst einmal hierzubleiben. Die Decke, der Boden, die Wände liefern keine Ergebnisse. Ich werde langsam ungeduldig und stehe da, mit meinen Armen auf das Waschbecken gestützt, und sehe mich im Spiegel an. Ein alter Mann, fertig, verletzlich und verzweifelt, schaut mich an und ich kann nicht glauben, dass ich so fürchterlich aussehe. Wo ist bloß der starke Mann geblieben, der ich mal war? Innerlich fühle ich mich so hilflos und frage mich, ob es sich überhaupt noch lohnt, zu kämpfen oder zu leben. Werde ich jemals mit dieser Verantwortung fertig? Die Arbeit befriedigt mich auch nicht mehr. In meinen eigenen Augen sehe ich nur Leere und Traurigkeit. Was steckt dahinter?

Ist es die Angst vor der Einsamkeit oder dem Alleinsein? In Moment wohl beides. Innerlich bin ich wie ein hilfloses Kind im Körper eines alten Mannes. Wobei es nicht der Körper ist, sondern der Blick und die Augen. Mir kommen die Tränen.

Dieser Blick voller Leid und unausgedrückter Gefühle, die ich schon lange als Ballast mit mir herumtrage.

Und plötzlich sehe ich mich, wie ich damals an der Grundschule war. Ich hatte Scharlach und musste eine gefühlte Ewigkeit zu Hause bleiben. Ich hatte zwar schlimme Halsschmerzen, aber die haben nicht so wehgetan wie meine Freunde, die mich ignoriert haben. Heimlich aus dem Fenster habe ich meine Klassenkameraden beobachtet, wie sie zur Schule und dann nachmittags zurück nach Hause gingen. Keiner hat sich bemüht, in meine Richtung zu schauen und mir zuzuwinken. Das wäre zumindest eine kleine Geste gewesen. Das heißt, das Gefühl der Einsamkeit ist mir sehr bekannt ...

Die Müdigkeit zwingt mich, wieder ins Bett zu gehen und einfach zu schlafen. Gut schlafen konnte ich dann aber nicht wirklich und umso mehr freue ich mich auf meinen Skype-Call mit meinem Coach. Schließlich habe ich ihr Rätsel nicht lösen können und will unbedingt wissen, wo sie die Lösung versteckt hat. Sie fragt mich, wie es mir bei dieser Aufgabe ging. »Ehrlich gesagt, ganz bescheiden ... Eine Achterbahn der Gefühle habe ich stattdessen erlebt, mich selbst als alten und kranken Mann gesehen, das Bad komplett durchsucht, aber die Antwort auf Ihre Frage, wer mich am meisten braucht, nicht gefunden.« Ich erzähle ihr auch von den Erinnerungen aus der Kindheit, die so ähnliche Gefühle in mir ausgelöst haben. Angst vor dem Alleinsein, Traurigkeit und Verzweiflung waren schon immer meine treuen Begleiter. Mal weniger, mal mehr präsent.

»Wo kommen alle diese Gefühle her und wieso werden sie wie auf Knopfdruck aktiviert?«, frage ich.

»Wissen Sie, was ein inneres Kind ist?«, fragt sie.
»Nie gehört, keine Ahnung, sorry.«
»Alles gut. Das innere Kind steht symbolisch für alle im Kopf gespeicherten Erinnerungen, Gefühle, Emotionen und Erfahrungen aus der Kindheit, die meisten davon sind unbewusst. Jeder Mensch trägt ein inneres Kind in sich, egal wie alt er ist. Viele von uns haben aufgrund seelischer Verletzungen und schmerzhafter Erfahrungen in der Vergangenheit den Kontakt zu ihrem inneren Kind abgebrochen. Sozusagen den Kontakt zu sich selbst abgebrochen. Je tiefer diese Abspaltung, desto mehr leiden wir darunter.«
»Den Kontakt abgebrochen ... Bei mir, glaube ich zumindest, hat der Kontakt noch nie stattgefunden. Wie ist es bei Ihnen? Entschuldigen Sie mich bitte, wenn die Frage zu persönlich ist.«
»Es ist für mich in Ordnung«, sagt sie und erzählt.
»Vor vielen Jahre habe ich in einer Ausbildung einmal den Satz gehört: ›Es ist nie zu spät, eine glückliche Kindheit zu haben‹, aber egal wie schön er klang und obwohl er sich fest in meinem Kopf verankert hat, habe ich Jahre gebraucht, um ihn wirklich zu verstehen. Denn ich hatte eine glückliche Kindheit und die mentalen Herausforderungen, die ich als Erwachsene hatte, konnten auf keinen Fall etwas mit meiner Kindheit zu tun gehabt haben. (Das war etwas, wovon ich lange tief überzeugt war.) Das waren noch die Zeiten, in denen ich theoretisch praktisch alle möglichen Coachingmethoden beherrscht habe, theoretisch ... Der Durchbruch kam, als ich anfing, an meinen Ängsten, Panikattacken, Schmerzen, Allergien, meinem übermäßigen Konsum, meiner Einsamkeit aktiv und praktisch selbst zu arbeiten. Meinem eigenen inneren Kind bin ich damals zum ersten Mal begegnet und eine Sache ist mir klar geworden: Ich hatte eine glückliche Kindheit aus der Sicht

eines Erwachsenen und der Drang nach Perfektionismus und die damit verbundene Anerkennung waren die Baustellen, die in meiner Kindheit angefangen haben. Denn damals als Kinder haben wir die Welt auf eine kindische Art und Weise wahrgenommen. Ja, die Vergangenheit ist nicht vorbei, sie lebt als inneres Kind in uns weiter. Wie glücklich und zufrieden wir heute sind – oder eben nicht –, ist stark damit verbunden, wie viele dieser Baustellen wir ignoriert haben oder ob wir uns auf unserem Weg selbst verloren haben. Eine Verbindung zum eigenen inneren Kind ist die Verbindung zu uns selbst. Es ist nie zu spät, eine glückliche Kindheit zu haben. Es kommt nicht auf die Ereignisse damals in der Kindheit an, sondern viel mehr, wie wir heute darüber denken und welche Emotionen wir damit verbinden. Das sind unsere abwertenden und verurteilenden Gedanken, die in uns negative Gefühle wie Schuld, Angst, Wut, Hilflosigkeit et cetera erzeugen. Werden sie von uns abgelehnt oder verdrängt, manifestieren sie sich in Symptomen und können viele Krankheiten verursachen.«
»›Die Vergangenheit ist nicht vorbei, sie lebt als inneres Kind in uns weiter.‹ Dieser Satz macht für mich sehr viel Sinn. Und vielen Dank für Ihre Offenheit.«

Was gerade geschehen ist, ist unbeschreiblich, denn durch ihre Aufgeschlossenheit und Ehrlichkeit geht unsere Zusammenarbeit oder Beziehung, wenn ich das so nennen darf, auf eine ganz neue persönliche Ebene. Die meisten Berater, Coaches und Trainer, die ich bis jetzt kennenlernen durfte, waren eher sachlich und distanziert. Okay, ich habe sie oft genau nach diesen Kriterien gesucht und gefunden. Die Ergebnisse waren auch nicht anders als sachlich, oberflächlich und weit von der Realität entfernt, also oft nahe null. Jetzt ist es anders. Wieso, frage ich mich gerade? Was macht sie anders? Durch ihre Persönlichkeit und die Art zu sein schafft sie einen Raum, in dem ich mich wie zu Hause fühle und das Gefühl habe, dass ich so sein darf, wie ich eben bin. So eine Beziehung ist mir noch mit niemandem gelungen, noch nicht mal mit mir selbst. Ihre Worte berühren mich und ich traue mich, meine Schwächen zu zeigen, anstatt sie wie gewohnt zu kaschieren. Und dieses innere Kind, wer auch immer dieses Kind ist ... Sind wir wie auf zwei verschiedenen Kontinenten und der Luftverkehr als schnellster Weg zueinander ist nicht vorhanden? Das heißt, ich gehe zu Fuß, Schritt für Schritt, um mir selbst näher zu kommen. Das heißt, es ist ein langer Weg und es gibt keine Abkürzung.

»Ah, Moment, was war da eigentlich mit Ihrer Frage gemeint, wer mich am meisten braucht? Die Lösung habe ich nicht, noch nicht, herausgefunden. Können Sie mir vielleicht helfen? Oder die Lösung ist einfach nicht in meinem Bad. Das ist durchaus möglich, wie sehen Sie das?«

»In Ordnung, wir gehen zusammen in das Bad und schauen uns um«, sagt sie mit ihrer ruhigen Stimme.

Jetzt bin ich gespannt, wie sie das Rätsel auflöst. Sie fragt mich: »Was hat Ihre Aufmerksamkeit hier im Bad am meisten erregt?«

»Der Spiegel.«

»Ja, genau. Sie haben mir heute viel darüber berichtet.«

»Okay, ich verstehe nicht, worauf sie hinauswollen. Der Spiegel braucht mich am meisten?«

»Indirekt.«

»Okay, der alte Mann oder ich als Kind? Die Erinnerungen?«

»Genau, Sie brauchen sich selbst möglicherweise im Moment am meisten.«

»Ich bekomme Gänsehaut bei dem Satz. An mich selbst habe ich gar nicht gedacht ...«

»Die Lunge steht in Zusammenhang mit dem Leben, der Lebensfreude und der Kunst, das Leben genießen zu können. Vielleicht ist die Aufgabe jetzt unter anderem, das Leben in vollen Zügen zu leben, das Leben schätzen zu lernen und zu erkennen, dass wir uns allein innerlich einsperren. Anstatt die Situation zu dramatisieren, sollten wir uns die Zeit nehmen, auch positive Seiten zu erkennen. Nur wir selbst können uns glücklich machen, indem wir unsere Einstellung zum Leben revidieren. Ich nenne das ›Life Editing‹.«

»Beim Begriff ›Editing‹ denke ich spontan an verändern, bearbeiten, umschreiben, und ja, das macht Sinn auch fürs Leben, denn alles, was ich bis jetzt geglaubt habe, möchte ich hinterfragen, prüfen und, wenn es nicht mehr passt, verändern. Ich habe Hunger ...«

»Was gab es zum Frühstück?«, fragt sie.

»Nicht wirklich erwähnenswert. Ich meinte, ich habe Hunger nach Freiheit in meinen Gedanken, in meinem Kopf.«

»Das haben Sie sehr gut ausgedrückt, denn Lungenprobleme bedeuten auch gewissermaßen, nicht mehr frei atmen zu können oder Hunger nach Freiheit zu haben, wie Sie es gesagt haben.«

»Ich möchte mich auf die Reise zu dem jüngeren Ich machen, meinem inneren Kind und dem alten Mann, der ich zum Glück noch nicht geworden bin, das bin ich mir schuldig und ich möchte, dass auch er zufrieden und glücklich ist. Es ist bei mir angekommen, ich brauche mich am meisten und nur ich kann mich retten, mein Leben umschreiben, editieren, neu designen. Danke Ihnen für den Ausflug in mein Bad und den Spiegel, der mir ab sofort als Erinnerung bleibt, dass jede Veränderung wirklich nur bei mir selbst anfangen kann. Haben Sie eine Aufgabe für mich?«

»Gerne, wenn Sie möchten, schreiben Sie Ihre Gedanken auf, was auch immer kommt, und dann schauen wir, wie wir diese Puzzleteile zusammenbringen.«

5.
Was Fertigpizza mit erfolgreichem Business und einer Coachingstrategie zu tun hat

In der Nacht war ich sehr unruhig und als ich plötzlich aus einem tiefen Schlaf durch die üblichen Geräusche im Krankenhaus wach wurde, wusste ich erst mal nicht, ob ich nur geträumt hatte oder der Friedhof tatsächlich Realität war. Später erzählte ich meinem Coach von diesem seltsamen Traum.

»Ich fühlte mich nie gut auf einem Friedhof, und dieses Mal war es auch nicht anders. Wobei, etwas hat sich anders angefühlt. Ich ging von einem Grabstein zum nächsten und blieb stehen, weil es nach einer Beerdigung aussah. Nur, seltsamerweise war außer den Friedhofsmitarbeitern niemand da. Keine Familie, Freunde, Verwandten, Kollegen. Was für ein einsamer Mensch musste dies gewesen sein, dachte ich mir. Und entschied mich zu bleiben, um den Verstorbenen durch meine Präsenz eine letzte Ehre zu erweisen. Auf einmal ist mir plötzlich so schlecht geworden, dass ich kaum stehen konnte, und zwar durch das, was ich auf dem Grabstein gesehen hatte. Mein Name: Jan Lindmann und das Geburtsdatum, alles hat gestimmt. Und dann passierte etwas Komisches, nicht mein eigener Tod hat mich so entsetzt, sondern dass keiner auf meiner Beerdigung war. Vor dem Tod selbst habe ich keine Angst. Haben Sie eine Idee, was ich damit anfangen kann?«

»Es erinnert mich an Charles Dickens und seine Weihnachtsgeschichte. Kennen Sie die Geschichte?«
»Oh, da war was in der Schule, gelesen habe ich sehr ungern. Können Sie mir helfen?«
»Ebenezer Scrooge und die drei Geister, die ihn in einem Traum besuchen: die Geister der Vergangenheit, der Gegenwart und der Zukunft.«

»Ja, jetzt fällt es mir wieder ein. Ist das die Geschichte, in der er in der Zukunft erkennt, dass er selbst der ungeliebte einsame Tote war?«

»Ja, ganz genau. Und was bedeutet diese, nennen wir es mal ›Botschaft‹ für Sie?«

»Meinen Sie, dass mein Unterbewusstsein mit mir kommuniziert und mir zeigt, wie unbeliebt ich bin?«

»Ich weiß es nicht, schließlich ist das Ihre Interpretation. Vielleicht ist die Botschaft, das Verhalten zu überdenken.«

»Wow, im Grunde genommen mache ich mir schon lange Gedanken darüber und ehrlich gesagt habe ich Angst davor.«

»Wovor genau haben Sie Angst?«

»Eines Tages einsam zu sterben. Oder Moment, allein zu sterben, wobei ich immer noch nicht verstehe, was genau ich machen kann, um mich nicht mehr einsam zu fühlen.«

»Wenn ich zurück zu Ihrem Traum gehen darf, dann ist ›jetzt‹ der Zeitpunkt, das Leben zu verändern.«

»Ich glaube, dafür ist es bereits zu spät. Ich hätte damit viel früher anfangen sollen, als Marie damals zu mir kam oder Fiona noch Lust hatte, mit mir eine Familie zu sein.«

»Irgendwo habe ich letztens einen Spruch gesehen und der passt gerade: ›Der beste Zeitpunkt, einen Baum zu pflanzen, war vor zwanzig Jahren. Der zweitbeste Zeitpunkt ist jetzt!‹«

»Die Botschaft ist angekommen. Meinen Mitarbeitern würde ich das jetzt auch sagen. Gerade spüre ich nur, dass es so verdammt schwer ist, das Gesagte im Leben umzusetzen.«

»Nicht umsonst sage ich immer wieder: Theoretisch kann ich praktisch alles. Nur, darum geht es nicht. Das Einzige, was zählt, ist das, was wir wirklich machen, und nicht das, wovon wir reden. Worte sind noch keine Taten, oder haben Sie bereits irgendeine Strategie in Ihrem Unternehmen erfolgreich allein durch Reden durchgesetzt?«

»Nein, auf keinen Fall. Dabei fallen mir zahlreiche Ideen und Projekte ein, die wir seit Jahren erfolglos durchzusetzen versuchen. Außer Frust und Zeitverlust ist dabei nichts herausgekommen. Okay, wie wollen wir vorgehen?«
»Wir schauen uns das Problem an, welches Sie spezifisch und prägnant (in einem Satz) beschreiben. Ebenso definieren Sie Ihr Ziel für unsere Zusammenarbeit, denn wir wollen schauen, dass Sie vorwärtskommen und dass Ihnen das Coaching auch etwas bringt. Wohl gemerkt nicht nur am Ende, sondern in jeder Sitzung. Das ist eine andere Art Qualitätsmanagement, was mir persönlich wichtig ist. Die Entwicklung oder Umsetzung findet Tag für Tag statt.«
»In Ordnung, das klingt plausibel und die Idee ›Qualitätsmanagement in jeder Sitzung‹ gefällt mir. So etwas ist mir noch nicht bekannt. Nur eins ist mir sehr wichtig. Können wir bitte den Teil mit meiner Kindheit weglassen. Ich bin schließlich ein Erwachsener und möchte mich nicht mit meiner Vergangenheit beschäftigen. Ist das für Sie in Ordnung?«
Plötzlich sagt sie: »Was haben eine Fertigpizza und ein erfolgreiches Business oder eine Coachingstrategie gemeinsam?«
»Wie bitte? Was ist das denn für eine komische Frage.«
»Ja, was haben sie gemeinsam? Auf den ersten Blick klingt es vielleicht in der Tat komisch, wenn wir die Sache näher betrachten, nicht mehr.«
»Daraus werde ich nicht schlau, helfen Sie mir bitte.«

»Gerne, fangen wir mal mit der Pizza an. Jede Fertigpizza hat auf der Rückseite der Verpackung eine Anleitung, wie man sie zubereitet:
Schritt 1: Backofen anmachen und laut Verpackungshinweis vorheizen.
Schritt 2: Plastikverpackung von der Pizza entfernen.

Schritt 3: Pizza für zehn bis fünfzehn Minuten in den vorgeheizten Backofen schieben.
Schritt 4: Pizza aus dem Backofen rausnehmen und genießen.

Die meisten Strategien haben ebenfalls gewisse Schritte, die für den Erfolg des Vorhabens wichtig oder sogar notwendig sind. Nun, oft sagen die Teilnehmer, Mitarbeiter oder Klienten: Oh, nein, das brauche ich nicht; Schritte 1 und 3 können wir ruhig überspringen. Wir gehen zurück zur Pizza und überspringen ›Backofen anmachen und vorheizen; als Konsequenz werden wir vielleicht Stunden später unsere Pizza im Rohzustand ›genießen‹ können. Oder anstatt zehn bis fünfzehn Minuten machen wir zwei Minuten, weil es schneller gehen soll/muss. Ebenfalls ist unsere Pizza ungenießbar. Verzichten wir auf den Schritt 2, folgen dafür sehr sorgfältig allen anderen Schritten, haben wir eine mit Plastik überbackene Pizza zum Genießen auf dem Teller, die natürlich absolut ungenießbar ist. Auch Schritt 4 ist notwendig. Denn wie sollen wir unsere Pizza essen, wenn diese immer noch im Backofen ist?
Es hilft ebenfalls nicht, nur die Anleitung zu lesen und zu hoffen (egal wie gut unser Visualisierungstalent ausgeprägt ist), dass die gewünschten Ergebnisse von allein eintreten. Denn so können wir unsere Pizza nur theoretisch in unserem Kopf genießen.

Zurück zu meiner Frage: was haben eine Fertigpizza und Business-/Coachingstrategien gemeinsam? Wie wir nun sehen: ziemlich viel. Gewisse Schritte in einer Strategie oder einem Coaching sind nicht einfach so da. Ob wir uns auf die Erfahrungen der Experten verlassen oder nicht, beeinflusst sehr oft, wie erfolgreich die Strategien umgesetzt werden können oder eben nicht, und damit, wie erfolgreich wir sind ...«

»Ein sehr gutes und treffendes Beispiel. Jetzt wird mir klar, wieso manche unserer Projekte zum Scheitern verurteilt waren oder immer noch sind. Trotz der Empfehlung unserer Berater haben wir uns durchgesetzt und ein bis zwei Schritte weggelassen. Vielleicht waren sie tatsächlich wichtig. Ich war sogar stolz auf mich, dass ich Zeit gespart habe, indem ich auf manche Anweisungen verzichtet habe. Aber woran erkenne ich, welche Schritte wirklich wichtig sind? Unsere Berater können alle gut reden.«

»In der Tat, reden können viele gut. Es geht, meiner Meinung nach, um Vertrauen. Nun, worauf basiert dieses Vertrauen? In meinem Leben habe ich einige Lehrinvestitionen gemacht, weil ich den Meinungen anderer gefolgt bin oder auch den schönen Sprüchen in der Außendarstellung geglaubt habe. Mit der Zeit habe ich gelernt, dass es besser ist, die Menschen erst mal zu beobachten, was heutzutage mit den sozialen Medien ziemlich leicht ist, und auch kritische Fragen zu stellen. Wie eine meiner Mentorinnen vor langer Zeit gerne sagte: ›Wenn du schlaue Antworten haben willst, lerne schlaue Fragen zu stellen.‹«

»Ich überlege gerade, wie es bei uns gehandhabt wird. Wir gehen von der entsprechenden Qualifizierung und Zertifizierung aus. Außerdem fragen wir nach Referenzen.«

»Und wie sind die Erfahrungen?«

»Könnten besser sein. Es ist schließlich nicht einfach, gute Experten ins Boot zu holen.«

»Vielleicht wird ein zu großer Wert auf die Außendarstellung gelegt und zu wenig geschaut, wie es hinter der Fassade aussieht.«

»Wie meinen Sie das?«

»Okay, machen wir es praktisch. Angenommen, ihr Sohn hätte ein Problem in einer bestimmten Matheaufgabe und Sie können auch nicht weiterhelfen. Stellen Sie sich das bitte vor. Meinen Sie, der Lehrer wäre ein richtiger Ansprechpartner, um das Problem zu klären?«

»Theoretisch ja, wenn der Kontakt zu dem Lehrer möglich ist, wieso nicht?«

»Wunderbar. Mit höchster Wahrscheinlichkeit wird Ihnen und Ihrem Sohn auch geholfen, denn diese Aufgabe ist Teil des Standard-Schulprogramms.«

»Denke ich auch. Aber ich verstehe immer noch nicht, worauf Sie hinauswollen.«

»Einen Moment. Jetzt haben Sie zufälligerweise eine Million Euro im Lotto gewonnen und wollen eine Beratung, wie Sie das Geld unternehmerisch mit maximal besten Gewinnen anlegen können. Oder Sie überlegen sich, Ihre eigene Firma zu gründen, um richtig groß zu werden, was auch immer das für Sie bedeutet.«

»Ja, eine sehr schöne Vorstellung!«

»Würden Sie den Mathelehrer Ihres Sohnes als guten Berater in Betracht ziehen? Mathe kann er doch, oder?«

»Komische Frage, irgendwas fühlt sich für mich unstimmig an. Vielleicht weil er kaum notwendige Ausbildungen vorweisen kann und nicht die Erfahrung hat, die ich mir wünschen würde.«

»Genau, und ganz besonders weil er selbst kein Unternehmer, sondern höchstwahrscheinlich ein Beamter. Als Beamter kriegt er sein Geld immer, unabhängig davon, ob er gut oder weniger gut ist. Sein Gehalt ist garantiert. Unternehmerisch denken können wird er sehr wahrscheinlich auch nicht, sonst wäre er nicht Beamter geworden oder geblieben.«

»Wie treffend! Aber was ist mit der Erfahrung, die oft nachgewiesen werden kann? Dies ist doch auch ein wichtiges Kriterium, nicht wahr?«
»Wie hat Kurt Tucholsky einmal gesagt: ›Erfahrung heißt gar nichts. Man kann seine Sache auch fünfunddreißig Jahre schlecht machen.‹«
»Das ist wohl wahr! Wenn Sie das so sehen, da kenne ich auch viele sogenannte Experten!«
»Viele Coaches nennen sich heute ›Führungskräfte-Coaches‹ und sind stolz, weil sie selbst als Führungskraft irgendwo in einem Unternehmen gearbeitet haben. Nur, waren sie wirklich gut in ihren Positionen? Oder sind sie aus Verzweiflung an sich selbst ausgestiegen? Vielen wird dabei auch unfreiwillig geholfen und heute schreiben manche auf der Webseite ganz groß, dass sie zehn oder zwanzig Jahre in einem Konzern als Führungskraft tätig waren. Das allein bedeutet aber gar nichts. Nehmen wir sie, ohne uns mit ihrer Persönlichkeit wirklich auseinandergesetzt zu haben, als Coach für ein wichtiges Projekt, dann brauchen wir uns nicht wundern, dass die Ergebnisse trotz entsprechender Qualifikationen und jahrelanger Erfahrung so bescheiden sind.«
»Ich verstehe, und ehrlich gesagt habe ich mir auch bereits die Option als externer Berater für Führungskräfte und Strategien überlegt, weil ich das als Flucht vor der Realität gesehen habe. Die bittere Wahrheit ist, dass ich als Führungskraft gescheitert bin, meine eigenen Mitarbeiter mich anscheinend nicht mögen und ich sie, die Einzelnen, noch nicht mal kenne. Noch viel schlimmer ist, dass ich mich nicht für sie interessiere. Sie sind mir in Grunde genommen egal. Meine beruflichen Ziele standen immer als Erstes auf meiner Prioritätenliste. Und ja, würde ich jetzt als Externer irgendwo anfangen, wäre der Einstieg sicherlich leicht mit meiner Vorgeschichte und der brillanten

Karriere, die Ergebnisse jedoch … Oh, dazu sage ich lieber nichts. Was Sie gesagt haben, ist angekommen. Und wissen Sie, was meinen Traum angeht, habe ich mir tatsächlich schon mehrmals darüber Gedanken gemacht, dass noch nicht mal meine Kollegen oder Mitarbeiter auf meine Beerdigung kommen würden. Peinlich und armselig ist das alles, nicht wahr?«

»Das liegt in Ihren Händen. Sie leben noch und können jederzeit damit anfangen, Ihre Geschichte umzuschreiben.«

»Verständnis, Liebe und Wärme, die mir selbst fehlen … Ob ich sie jemals anderen geben kann? Was meinen Sie? Oder bin ich hoffnungslos verloren?«

»Natürlich nicht. Solche tief greifenden Erkenntnisse sind wichtig, ansonsten wüssten Sie nicht genau, an welchem Thema Sie arbeiten. Und ja, wenn jeder von uns bei sich selbst anfängt und lernt, sich wertzuschätzen, zu lieben und zu akzeptieren genau so, wie er heute ist, nicht nur mit Stärken, Talenten, sondern eben mit allen Schwächen, Fehlern, allem Scheitern … Wenn wir dies lernen, ist die Welt ein besserer Ort für uns alle und für jeden Einzelnen.«

»Ihre Metapher mit dem Spiegel oder die Botschaft, dass ich mich selbst am meisten brauche, finde ich sehr schön. Das gibt mir Hoffnung.«

»Hoffnung macht uns überhaupt handlungsfähig. Uns selbst können wir verändern, die anderen nicht, allerdings: fangen wir bei uns selbst an, verändert sich auch die Welt um uns herum.«

»Okay, bis zum nächsten Mal überlege ich mir, wie ich mein Problem präziser beschreibe, das Thema hinter dem Thema mit einbinde und das Ziel für das Coaching ausarbeite. Ich bin etwas erleichtert und spüre wieder Energie, es ist jetzt an der Zeit, meine eigene Geschichte umzuschreiben.«

6.
Das Museum des Lebens – echte Gefühle und Erkenntnisse

Der Tag ist ganz jung, ich bin auch sonst ein Frühaufsteher, nur in letzter Zeit war ich auch morgens noch hundemüde. Heute ist es anders. Es ist so, als ob ich ein neues Kapitel in meinem Buch des Lebens anfange, mein Leben umschreibe oder, Moment, noch besser: neu schreibe. Wie hat mein Coach es letztens genannt? Life Editing, ja, so war es. Klingt schon mal inspirierend. Das iPad ist einsatzbereit und die Finger bewegen sich wie von allein auf der Tastatur. Meine Notizen heute lauten so.

Es geht um: das Problem und das Thema hinter dem Thema
Mein Problem bin ich selbst. So weit, so gut. Nein, erkannt und gut verstanden, es sind nicht die anderen, sondern es ist meine Art, darauf zu reagieren.

Mein Problem sind nicht meine Eltern, die mir wenig Liebe in der Kindheit gegeben haben, sondern dass ich selbst mit meinen Anfang vierzig sie immer noch für mein Leiden verantwortlich mache.

Mein Problem ist auch nicht Fiona, die mich nicht mehr liebt (ob das überhaupt stimmt oder ich mir das Ganze nur tatsächlich eingeredet habe), schließlich liebe ich mich selbst auch nicht und erwarte den Ausgleich von ihr. Wie armselig.

Mein Problem sind auch nicht David und Marie, meine Kinder, die sich lieber mit ihrer Mutter beschäftigen als mit mir und mich ignorieren. Auch hier bin ich es selbst, der die beiden vernachlässigt hat und viel zu oft kritisiert, damit verletzt und zur Perfektion in Leistungen getrieben hat. Welchen Schaden ich dadurch angerichtet habe, möchte ich im Moment nicht wissen, und hoffe nur, dass ich einiges wiedergutmachen kann.

Mein Problem sind auch nicht meine Mitarbeiter, die mir miserable Bewertungen in der Mitarbeiterumfrage gegeben haben. Auch da habe ich die beleidigte Leberwurst gespielt, wobei ich selbst mich für sie nie wirklich interessiert habe, und ja, das ist eine der wichtigsten Aufgaben einer Führungskraft.

Also, das Thema hinter meinem Thema sind meine eigene fehlende Selbstliebe, Wertschätzung und fehlender Selbstwert. Genau da möchte ich ansetzen und diese Arbeit zu meinem Ziel machen. Schritt für Schritt ..., täglich zu einem neuen Ich.

Nur, Moment ... Selbstliebe fühlt sich so falsch, komisch an, denn sie ist für mich doch irgendwie purer Egoismus. Vielleicht habe ich das noch nicht wirklich verstanden und rede lieber das nächste Mal mit meiner Expertin darüber. Ich merke gerade, dass ich mir zu viele Steine in den Weg lege, und möchte da erst mal aufräumen.

Heute Nachmittag werde ich aus dem Krankenhaus entlassen, es wird auch Zeit, zurückzukehren zu meinem normalen Leben. Wobei, ob ich wirklich zurück zu meinem »normalen« Leben will? Was ist in diesen Zeiten überhaupt noch normal? Ich denke, meine jetzige Krise hat mich wachgerüttelt, und was auch immer passiert, mein Leben wird definitiv nicht mehr so sein, wie es war. Zum ersten Mal im Leben freue ich mich, ein neues Leben anzufangen. Davor habe ich mich immer erfolgreich gedrückt. Genügend Ausreden waren immer da. In Wirklichkeit war es meine Komfortzone, meine Schutzmauer, die ich täglich aufgebaut habe und durch die ich mich mental immer mehr von den Menschen entfernt habe. Wie es sich neulich herausstellte: Am meisten habe ich mich von mir selbst entfernt. Ich bin mir selbst fremd geworden. Die Übung mit dem Spiegel beziehungsweise im Bad hat mir, wenn auch indirekt, gezeigt, dass ich mich selbst am meisten brauche. Nur, wenn ich mich ab sofort mit mir selbst beschäftige, was ist mit meiner Familie? Ist das nicht egoistisch? Ist Egoismus zu viel Selbstliebe? Und überhaupt triggert die Selbstliebe in mir ein sehr negatives, unangenehmes Gefühl, etwas wie Arroganz vielleicht? Ich notiere es mir für das Gespräch mit dem Coach, weil ich hier allein nicht weiterkomme.

Mein Ziel für das gesamte Coaching? Vielleicht wieder eine gute Familie zu haben, dass Fiona bei mir bleibt und mehr Verbindung zu meinen Kindern. Es wäre unbeschreiblich schlimm, würden David und Marie ohne mich woanders glücklich groß werden.

Letztens hat mein Coach mir eine Frage gestellt und jetzt plötzlich denke ich wieder daran. »Woran möchten Sie sich als alter Mensch mit einem Lächeln auf den Lippen zurückerinnern?« Ja, genau das, eine gute Familie, lachende Kinder, eine glückliche Frau. Die Zeiten, die wir zusammen verbringen und viel Spaß haben, Ausflüge, selbst kochen. Alle zusammen kochen, auch die Kids, und das Wichtigste, auch ich bin mittendrin und kenne solche Unternehmungen nicht nur aus Erzählungen. Okay, anders war es bis dato auch kaum möglich, denn ich habe mich lieber hinter der Arbeit verkrochen. Wie in meinem Traum von der Beerdigung. Es ist wirklich an der Zeit, zurückzukehren und mich so zu verändern, dass ab jetzt mein Leben anders aussieht. Noch lebe ich und habe die Möglichkeit, einiges anders zu machen, zu korrigieren. Das ist wie jemandem eine zweite Chance zu geben. Ja, jemand anderem fällt es vielleicht leicht, aber mir selbst? Schaffe ich das? Vielleicht ist das gerade meine größte Sorge, dass ich es nicht schaffe. Nun, möglicherweise geht es gar nicht darum, ob ich meine Fantasie schon lebe, sondern tatsächlich um den Weg dorthin. Meine Entwicklung. Zurück zum alten Ich möchte ich jedenfalls nicht mehr. Nach Hause zu gehen ist für mich wie ein Sprung ins kalte Wasser, denn ich kann nicht ahnen, wie Fiona und die Kids reagieren. Ob ich noch eine Chance bekommen werde ... Ja, dank Charles Dickens, auch wenn die Weihnachtsgeschichte nicht meine Lieblingslektüre war, ist sie es geworden. Meine Warnung, Erinnerung, dass ich noch einiges, wenn nicht alles, verändern kann, und zwar schon jetzt.

Vor Tagen hat sie mir von dem Museum des Lebens oder so ähnlich erzählt, das sie selbst bei John Strelecky kennengelernt, aber etwas abgewandelt hat. Ehrlich gesagt fand ich die Idee nicht sofort für mich interessant, aber jetzt ist sie es doch. Was wäre wirklich, wenn unser Leben aufgezeichnet werden würde? Von unserer Geburt an wird alles mit Fotos oder einem Video festgehalten und am Ende wird zu unseren Ehren ein Museum eingerichtet. Nur geht es nicht darum, die Bilder zu zeigen, wie wir sie gerne selbst gepostet hätten, mit Retusche, Photoshop oder sonst was, nein, genauso ehrlich, authentisch, wie wir das Leben gelebt haben. Wenn wir die meiste Zeit im Beruf, den wir halbherzig gemacht haben, verbracht, und uns irgendwelchen sinnlosen Aktivitäten gewidmet haben oder uns nicht von der besten Seite gezeigt haben. Genau das gäbe es in unserem Museum zu sehen. Nicht, wie wir uns gerne gezeigt hätten, sondern wie wir wirklich waren. Unsere Gedanken würden dort wie im Schnelllauf dargestellt, wie in einem Film. Haben wir schöne Gedanken über die Welt, die anderen und uns selbst, sehen die Besucher genau diese. Hassen wir alles und jeden, verletzen und ruinieren uns selbst, würde es genau dies zu sehen geben – und auch unsere Fake-Maske, die ein falsches Lächeln nach außen zeigt und eine tiefe Einsamkeit und Verbitterung verbirgt. Und nein, in diesem Museum würde es nicht um unsere Vorstellungen in der Zukunft gehen, sondern die brutale Realität heute, jetzt, jede Sekunde unseres Lebens, würde gezeigt werden.

Dieses Museum wäre voller Bilder und Filme, die wir nicht verfälschen könnten, egal was wir bereit wären, dafür zu zahlen. Kein Filter, keine App, kein Photoshop oder sonst was, nur echte Gefühle und Gedanken.

Wenn ich mir gerade vorstelle, wie ich durch mein Museum gehe, fühle ich mich klein und so was von unsicher, weil ich so viel in meinem Leben an die Wand gefahren habe, allerdings fühle ich mich durch die Erkenntnisse der letzten Tage so gestärkt, dass ich bereit bin, mein Leben, meine Gedanken nach außen zu zeigen. Vielleicht hatte ich selbst zu wenige Vorbilder, die mir das vermittelt haben, dann bin ich jetzt eben selbst ein Vorbild, und wer weiß, vielleicht mache ich möglicherweise vielen Kollegen und Freunden Mut, sich endlich mit sich selbst auseinanderzusetzen. Ich würde sogar die Menschen selbst durch mein Museum führen und meine eigene Geschichte erzählen. Die Geschichte, wie ich gelitten haben, wie tief ich gefallen bin, wie sehr ich nach einer Lösung im Außen gesucht habe und dank meiner Krankheit mit dem Coaching zu mir selbst gefunden habe.

Jeden Tag erweitern wir unser Museum, und unabhängig davon, was wir bisher für Leid erlebt haben, ist es noch Zeit, neue Gedanken und wundervolle Impressionen einzurichten. Es ist noch Zeit, denn heute leben wir noch und können ein neues Kapitel in unserem Buch des Lebens anfangen.

7.
Selbstliebe versus Egoismus versus Narzissmus – wo sind die Unterschiede?

Ein paar Tage später.
Ich bin seit einigen Tagen zu Hause und eine gewisse Routine hat sich bereits etabliert. Ich lese zwar meine E-Mails und telefoniere mit den Kollegen, aber zum ersten Mal in meinem Leben habe ich mich bewusst entschieden, mich aus dem operativen Geschäft herauszuhalten und meine Zeit mir selbst zu widmen. Ich gehe spazieren, reflektiere meine Gedanken, schreibe sie auf und merke, wie gut mir diese Dinge tun.

Unsere nächstes Coaching haben wir vereinbart, wieder über Skype zu führen. Ich habe gemerkt, dass etwas kürzere, dafür regelmäßige Interventionen für mich gerade sehr wohltuend sind.

»Wissen Sie, ich habe mir viele Gedanken nach der letzten Sitzung gemacht, was Selbstliebe angeht. Und hier bleibe ich stecken, egal wie ich mir das Thema anschaue, stoße ich auf Egoismus oder sogar Narzissmus und tue mich schwer damit. Wollen wir erst mal die Definitionen klären?«
»Gerne, was ist der Unterschied für Sie?«
»Eben gar keiner. Selbstliebe ist in meinen Augen purer Egoismus, weil falls mich andere brauchen, kann ich mich doch nicht mit mir selbst beschäftigen? Zum Beispiel Fiona hat sich, während ich im Krankenhaus war, lieber um die Familie gekümmert als um mich.«
»Verstehe, zählen Sie sich nicht zur Familie?«
»Doch, eigentlich schon, noch … hoffe ich zumindest. Okay, ich versuche, den Satz neu zu formulieren.
Fiona hat sich nicht und mich gekümmert, als ich sie gebraucht habe. Stattdessen, hat sie lieber Spaß zu Hause gehabt.«

»Wissen Sie das oder glauben Sie das? Ich meine, dass sie sich nicht um Sie gekümmert hat? Ich erinnere mich, gehört zu haben, dass Fiona Sie immer wieder besucht hat und die Zeit mit Kindern verbrachte, weil sie Angst um Sie hatten.«

»Ja, das stimmt. Die beiden haben mir das als Erstes erzählt, als ich zu Hause war. Sie haben zusammen für mich gebastelt. Marie hat mir zusammen mit Fiona Plätzchen gebacken und David ein riesiges Schild gemalt: »Willkommen zurück, Papa. Wir haben dich so vermisst.« Das ist für mich neu und ich bin erst mal lieber vorsichtig. Marie hat mir auch als Geheimnis verraten, dass die Mama die Idee hatte, nur soll ich ihr das nicht erzählen.«

»Wie ging es Ihnen dabei?«

»Unbeschreiblich gut. Marie hat ein Herzchen auf meinen Schreibtisch gelegt und ›Ich habe dich lieb‹ daruntergeschrieben.«

»Sehr schön. Aber zurück zu Ihrer Frage. Meiner Meinung nach ist Selbstliebe nicht dasselbe, sondern das Gegenteil von Egoismus, Narzissmus oder was uns auch immer Negatives in den Sinn kommen mag. Wenn wir bei dem Wort Selbstliebe ein ungutes Gefühl haben, dann liegt es möglicherweise daran, dass wir es mit Selbstverliebtheit verwechseln. Gibt es einen Unterschied zwischen Selbstverliebtheit und Selbstliebe?«

»Na, das sind schon mal zwei unterschiedliche Worte und Selbstverliebtheit klingt nach Verliebtheit, Schmetterlingen im Bauch, Glücksgefühlen, die wir am Anfang einer Affäre oder Beziehung haben.«

»Wunderbar, wenn wir verliebt sind, wie real nehmen wir die Person wahr, in die wir verliebt sind?«

»Das ist eher eine rosarote Vorstellung, die Realität kommt meistens später, wenn man zusammenlebt.«

»So kann man das sagen. Wir idealisieren, verehren den Partner. Dies ist analog dem Fall, wenn wir ein Bild heftig mit allen möglichen Filtern auf dem Handy bearbeiten und dabei alle Makel ausblenden.«
»Sie meinen, wir sind verliebt in eine Illusion?«
»So kann man das auch sehen. Wahre Liebe hat nichts mit Illusionen, Photoshop oder Fantasien zu tun. Wahre Liebe ist das, was wir in der Realität erfahren und lieben. Wenn wir jemanden wirklich lieben, lieben wir ihn nicht, weil er perfekt ist, wie auf dem Cover einen Hochglanzmagazins, sondern trotz oder noch besser gerade wegen seiner Unperfektheit.«
»Ja, ich stimme Ihnen zu, bei der wahren Liebe sind beide Partner auf Augenhöhe und zufrieden auf dem realistischen Boden der Tatsachen. Langsam glaube ich zu verstehen, was Sie meinen. Selbstverliebte Menschen stellen sich selbst auf eine Bühne und blicken auf alle anderen herunter, sie machen die anderen klein, damit sie selbst sich größer fühlen können.«
»Ganz genau, wie durch einen Filter oder eine rosarote Brille schaut die Person sich selbst an und blendet die eigenen Schwächen und Fehler aus. Diese Person ist überzeugt, dass sie die schönste, tollste, klügste ist und alle anderen ...?«
»Alle anderen wahrscheinlich nur ignorante Idioten. Das ist einleuchtend. Nach dem Motto: Ich bin viel besser als du und du hast sowieso keine Ahnung.«
»Für Selbstliebe sind wir nicht auf unsere Partner, Familien, Kinder, Eltern, Freunde oder Kollegen angewiesen. Selbstliebe hat nur etwas mit uns selbst zu tun. Selbstliebe braucht keinen anderen. Egoistisch ist nicht der, der sich um sich selbst kümmert, sondern eher der, der es von anderen erwartet, ohne aktiv selbst etwas für sich tun zu wollen.«

»Ich verstehe, und ja, ich glaube, ich erwarte von Fiona, dass sie mich liebt, wobei ich selbst mich ablehne und teilweise hasse.«
»Wahre Liebe ist ohne Selbstliebe nicht möglich. Solange ich keine Liebe in mir habe, kann ich sie auch nicht teilen, nicht?«
»Wenn ich das mit Fiona jetzt anders betrachte, dann hat sie alles richtig gemacht. Sie hat sich um die Kinder gekümmert, weil sie noch klein sind und Angst um mich hatten. Und doch, sie hat mich selbstverständlich besucht, oft sogar. Manchmal erwische ich mich selbst, dass ich mir etwas einrede, was nicht wahr ist. Wie zum Beispiel, dass sie nie im Krankenhaus war und sich nicht für mich interessiert hat. – Eine kurze Frage habe ich noch: Was ist der Unterschied zum Narzissmus?«
»Ich selbst sehe Narzissmus als Folge eines Mangels, der allerdings meistens unbewusst bleibt. Es entsteht eine Leere, die ein narzisstischer Mensch durch andere Menschen zu füllen versucht. Er ist sozusagen auf die Bestätigung durch andere Menschen angewiesen.«
»Okay, aber braucht nicht jeder von uns Bestätigung?«, frage ich neugierig.
»Doch, nur wenn die Bestätigung ständig von außen gebraucht und gefordert wird, weil einer selbst einfach leer ist, entwickelt sich ein Zwang zur Bestätigung von außen und somit Abhängigkeit von anderen. Zudem versuchen Narzissten ihren Mangel an Selbstwertgefühl oder Selbstliebe durch absolut übertriebene Selbstbewunderung auszugleichen.«
»Also doch, Selbstliebe hat nichts mit Egoismus oder Narzissmus zu tun! Dann bin ich beruhigt.«
»Ganz genau, Narzissmus hat nicht nur nichts mit Selbstliebe zu tun, Narzissmus beruht auf einem Mangel an dieser. Selbstliebe hat auch nichts mit Selbstverliebtheit zu tun und bedeu-

tet einfach nur, dass wir »Ja« zu uns selbst sagen und mit uns selbst, wie es so schön heißt, im Reinen sind.«

»Okay, dann bedeutet Selbstliebe auch nicht, dass ich mich nur um mich selbst drehe?«

»Richtig, sogar ganz im Gegenteil, die meisten unserer Beziehungen scheitern, weil wir uns selbst nicht genug lieben.«

»Woran erkennt man Narzissten im Beruf?«, frage ich vorsichtig, denn ich habe bereits eine schlimme Vermutung.

»Narzissten sind egozentrisch, ertragen keine Kritik, während sie andere ständig belehren und bewerten müssen. Empathiemangel und Erfolgsorientierung zeichnen sie ebenfalls aus. Ein Narzisst muss sich andauernd beweisen, wie großartig er ist und wie minderwertig und wertlos die anderen sind. Zum Beispiel: Hinter dem Ehrgeiz einer Führungskraft kann sich oft die Angst, nicht relevant zu sein oder nicht anerkannt zu werden, verstecken.«

»Das verstehe ich jetzt nicht so ganz.«

»Okay, weil er sich selbst nicht liebt oder lieben kann, müssen ihn alle anderen anerkennen oder lieben. Bei so einem Chef geht es primär um den eigenen Aufstieg. Wenn es nicht so wäre, würden viel mehr Führungskräfte wirklich das Beste für das Unternehmen und für die Angestellten tun und nicht nur für sich selbst.«

»Ich erkenne mich wieder. Auch mir sind viele, die meisten, wenn nicht alle meine Angestellten egal. Es ging nur um mich und meine Karriere.«

»Zum Glück können Sie auch das noch verändern. Und noch etwas: Selbstliebe macht ruhig, weil sie uns Sicherheit gibt. Wenn wir lernen, uns selbst zu akzeptieren und zu lieben, wie wir sind, dann geben wir uns selbst Sicherheit und werden ruhiger. Die Auswirkungen spüren die anderen auch und verändern sich ebenfalls entsprechend.«

»Wissen Sie, ich habe immer geglaubt, dass Stress zu zeigen mein Engagement beweist, und ich habe nicht nur mich selbst, sondern mein komplettes Umfeld gerne unter Druck gesetzt und Selbstliebe immer auf die gleiche Stufe mit Egoismus gestellt.«

»Es scheint eine fatale Entwicklung in unserer Gesellschaft zu sein, dass Selbstliebe scharf kritisiert und mit Egoismus verwechselt wird, während Stress immer mehr an Wichtigkeit und Bedeutung gewinnt und in ist. Wir sind eine Gesellschaft geworden, die dauergestresst und überfordert ist. Und warum passiert das?«

»Vielleicht weil wir versuchen, dadurch etwas auszugleichen?«

»Ja, wir wollen mehr geben, als in uns zu finden ist. Nur, der Preis dafür ist sehr hoch. Wenn ich bei mir selbst angekommen bin, weiß ich, was ich mir zumuten kann und was nicht. Dann will ich keinem um jeden Preis gefallen.«

»Ich verstehe. Also, Egoismus und/oder Narzissmus resultieren aus mangelnder Selbstliebe?«

»Ja, und noch etwas: Narzissmus bedeutet auch: wenn die Selbstliebe zur Selbstsucht wird.«

»Auweia, dann ist diese Verwechslung, ich meine Selbstliebe versus Selbstverliebtheit, Egoismus, Narzissmus, eines der größten Missverständnisse in unserer Gesellschaft. Oder, okay, eines meiner größten Missverständnisse. Ich habe es gerade verstanden und werde mich verändern. Nur ist es irgendwie gar nicht so ganz einfach.«

»Das stimmt, wie ich immer wieder gerne sage: Mit einem neuen Blatt anzufangen, ist nicht schwer; es ist viel schwerer, seine Handschrift zu verändern ...«

8.
Was nutzen Geld und Erfolg, wenn die Seele ermüdet, Emotionen betäubt werden und der Körper schreit ...

Okay, so weit, so gut, ich habe mein Problem identifiziert: Ich bin selbst das Problem beziehungsweise meine giftigen Gedanken. Das Ziel klingt zwar immer noch nicht ganz leicht erreichbar, aber es geht darum, zu lernen, mich selbst zu akzeptieren und zu lieben, damit ich vom Problem zur Lösung werde. Die Botschaft ist definitiv angekommen, ich brauche mich am meisten im Leben.

Die nächste Sitzung fängt an und ich freue mich, früher hätte ich meine wertvolle Zeit dafür nie geopfert und heute schenke ich mir bewusst diese Stunden.

»Heute möchte ich mit einer Geschichte anfangen, die ich an dieser Stelle treffend finde«, sagt mein Coach.
»Sehr gerne.«, erwidere ich, während ich mich zurücklehne.
»Es war einmal ein Haus, und nicht irgendeines, nein! Das Haus war ein Glückspilz in Eins-a-Lage, vom besten Architekten entworfen, den teuersten Baufirmen gebaut, ausgestattet mit den angesagtesten Luxusmaterialien und Möbeln. Das Feinste vom Feinsten im wahrsten Sinne des Wortes. Jeder, der vorbeiging oder -fuhr, war beeindruckt und neidisch auf seine Schönheit und dessen glückliche Besitzer. Jeder hat sich vorgestellt, dass dort zu wohnen ein Jackpot wäre.«
»Ich kann mir vorstellen, dass es vielen mit unserem Hause so geht.«
Sie lächelt. »Okay, aber es gab noch eine andere, dunkle Seite, die das Haus keinem nach außen gezeigt hat. Ganz im Gegenteil, es baute lieber höhere Wände als Schutzmauern auf, um die Gefühle zu verbergen. Stück für Stück starb etwas in ihm ab ... Aber egal, von außen merkte es keiner. ›The Show must go on‹, hat es sich immer gesagt, in der Hoffnung, die Menschen weiterhin beeindrucken zu können, auch wenn es in-

nerlich mittlerweile komplett leer war. Nicht leer im Sinne von Gegenständen, leer im Sinne von kein Leben mehr. Ja, es war innerlich tot.«

»Das bringt mich zum Nachdenken.«

»Kennen Sie das auch: Wohnungen, Häuser, Firmen, die sich beim Betreten wie ein Friedhof anfühlen? Dort herrscht eine innere Leere.«

»Ja, bei manchen Kunden sind die Räumlichkeiten so, wie Sie es beschreiben, und bei einem befreundeten Paar auch. Darüber habe ich mich mit Fiona schon mehrfach unterhalten.«

»Und wie ist es mit uns Menschen? Vielleicht steht das Haus in meiner Geschichte nur symbolisch für einen Menschen? Dieser Mensch baute im Laufe seines Lebens sein Image nach außen bestmöglich auf. Hohe Leistungen, Engagement, Luxuskleidung, teure Autos ... Alles Mögliche, was Erfolg und Ansehen anstrebt. Und dabei hat er sich selbst auf der Erfolgspur verloren. Tag für Tag legte er seine Emotionen ab, was immer mehr zu einer inneren Kälte und Emotionslosigkeit geführt hat und zu einer inneren Leere. Er hat heimlich versucht, diese Leere mit verschiedenen Dingen zu füllen: Arbeit, Alkohol, Drogen, Konsum, Medikamente. Nichts hat geholfen, dennoch schien es nach außen hin immer noch großartig zu wirken, weil kaum jemand die Veränderungen wahrgenommen hat. Tief im Inneren hat dieser Mensch sich Tag für Tag vergiftet ... mit seinen Gedanken.

Was nutzen Geld und Erfolge, wenn die Seele müde ist, die Emotionen betäubt werden und der Körper schreit ...«

»Wow, meinen Sie mich? Ich fühle mich angesprochen. Was ist der Weg dort heraus?«

»Die Arbeit mit dem inneren Kind, wodurch wir Zugriff auf ein wichtiges Potenzial, die eigenen Gefühle, bekommen. Jedes innere Kind trägt einen schweren Rucksack an seelischen Verletzungen mit sich herum. Durch die Arbeit mit dem inneren Kind lernen wir, mit uns selbst so umzugehen, wie wir es uns von den eigenen Eltern in der Kindheit damals gewünscht hätten, denn in den Tiefen unserer Seele, genau dort, wo unser inneres Kind zu Hause ist, finden wir Antworten auf unsere emotionalen Blockaden, destruktiven Glaubenssätze, zerstörerischen Verhaltensweisen. Anders gesagt, auf alle Bereiche unseres Lebens, die uns von unserer Selbstliebe und der damit verbundenen Kraft abtrennen.«

»Sie meinen, dass das verletzte Kind in uns oft als innere Leere empfunden wird?«

»So erlebe ich das oft in Gesprächen mit Klienten.«

»Und das geht auch bei mir, wobei ich nie Liebe von meinen Eltern erfahren habe?«

»Selbstverständlich. Heute sind *wir* die Eltern für unser inneres Kind. Wie gehen wir mit uns selbst um? Liebevoll, wertschätzend oder lassen wir unser inneres Kind im Stich, auf sich allein angewiesen, weil wir ›keine Zeit‹ haben, weil wir Liebe nie erlernt haben? Meistens gehen die Menschen so mit sich um, wie die Eltern es früher getan haben (aus der Sicht des Kindes damals).

Viele schimpfen auf die schlechte Kindheit und die Eltern, die ihnen dies oder jenes nicht gegeben haben, und dabei begreifen sie nicht, dass heute diese fehlende Liebe ihre eigene Aufgabe und Verantwortung ist, weil sie erwachsen sind. Auf keinen Fall sind der Partner oder die Partnerin oder die Kinder dafür verantwortlich! Unsere Kindheit spielt eine sehr große Rolle dabei, wie wir heute sind, und dennoch können wir vieles verändern. Es ist nie zu spät, eine schöne Kindheit zu haben.

Viele wollen den eigenen Kindern bessere Eltern sein, als ihre eigenen es waren, weil sie Verletzungen erlebt haben und daraus gelernt haben. Was sie vergessen oder dabei gar nicht berücksichtigen, ist, dass diese Veränderung nur bei einem selbst beginnen kann. Alles andere ist nicht authentisch, nicht wahr? Zum Beispiel können wir dem Kind sagen: ›Du bist absolut in Ordnung, so wie du bist.‹ Und uns selbst dabei dauernd kritisieren und fertigmachen. Die Kinder sind noch zwar Kinder, kriegen das aber auch mit und die Erfahrung zeigt, dass die Kinder nicht unseren Worten, sondern unseren Taten glauben.«

»Das klingt sehr einleuchtend. Ich kritisiere meine Kids vielleicht viel zu oft. So ähnlich war das auch in meiner Kindheit. Mich selbst mache ich gedanklich fertig, das stimmt.«

»Wenn wir unsere Kinder kritisieren, hören sie nicht auf, uns, ihre Eltern, zu lieben (auf ihre Weise natürlich), sie hören auf, sich selbst zu lieben …«

Ich merke gerade, wie gewaltig diese Worte auf mich wirken. Ja, irgendwann in der Kindheit habe ich aufgehört, mich selbst zu lieben. Beziehungsweise, habe ich mich jemals überhaupt schon mal wirklich geliebt? Und wieder denke ich an das Museum des Lebens, heute kann ich anfangen, anders zu denken. Nur, wie soll ich das mit David und Marie schaffen, wenn Fiona mich verlässt? Meinen Kindern schulde ich die Liebe.

»Was sind eigentlich Anzeichen für eine kaputte Beziehung? Ich will meine Familie retten, nur, schaffen wir das? Ich weiß nicht, ob wir überhaupt noch eine Familie sind?«

»Gerne, machen wir es gleich, was sind Ihrer Meinung nach die Anzeichen einer kaputten Beziehung oder Beziehungskiller?«, fragt sie und bittet mich, in Stichworten Notizen zu machen.

»Ich glaube, Untreue.«

»Okay, was genau verstehen Sie darunter?«

»Das ist eine gute Frage. Im schlimmsten Fall eine Affäre, sonst auch schlecht über seinen Partner zu reden. Das zerstört Vertrauen.«
»Wer redet schlecht über den Partner/die Partnerin? Sie selbst oder meinen Sie Fiona?«
»Ja, Fiona. Ich habe es einmal zufälligerweise mitbekommen, als sie schlecht über mich mit ihren Freundinnen geredet hat, dass ich mich kaum für sie und die Kids interessiere und meine Zeit lieber mit Kollegen verbringe. Auch, dass sie froh ist, wenn ich auf Geschäftsreise gehe und nicht zu Hause bin, dann hat sie ihre Ruhe und die Welt ist entspannter.«
»Okay, welche Anzeichen fallen Ihnen noch spontan ein?«
»Körperliche Distanz, nicht mehr miteinander lachen können, überhaupt fehlende Gemeinsamkeiten, unbegründete Eifersucht und zu hohe Erwartungen an den Partner.« Ich überlege weiter und bin erstaunt und stolz zugleich, wie einfach mir diese Aufgabe erscheint. »Da ist noch was: geringe Einsatzbereitschaft und Engagement. Und vielleicht noch geheime Pläne oder einsame Entscheidungen, was wiederum eigene Pläne angeht.« Ich habe das Gefühl, dass noch etwas fehlt, und suche den Impuls, was mich gerade verunsichert. Wer weiß, es kann auch sehr wichtig sein und ich möchte nichts verpassen. Sie schenkt mir ein bisschen Wasser ein und geht raus, vermutlich um noch etwas zu holen, mit dem kurzen Kommentar: »Ich bin gleich wieder bei Ihnen.« Als ich aus dem Fenster schaue, sehe ich einen Baum voller Vögel, die sich scheinbar intensiv unterhalten, und gleich bin ich in einer anderen Szene … Vor Wochen, als ich die Ergebnisse der Mitarbeiterumfrage gesehen habe und bei mir eine hohe Quote von Respektlosigkeit und verlorene Achtung kritisiert wurden. Unverschämt sind die Mitarbeiter, die so etwas von ihrem Vorgesetzten behaupten. So schlimm sehe ich mich ihnen gegenüber nicht, aber irgend-

wie beschäftigt mich das Thema und ich ahne wieso! Das ist es! Fiona verhält sich respektlos mir gegenüber, denn sie ...
Ich warte einen Moment ab, bis mein Coach wieder da ist.
»Also, Respektlosigkeit und verlorene Achtung sind noch auf meiner Liste dazugekommen. Fiona meint, mich erziehen zu müssen, und zeigt damit anderen, wie dumm ich bin, was die Beziehung und Erziehung von Kindern angeht. Das erinnert mich an meine Mutter und wer möchte bitte schön mit seiner Mutter verheiratet sein? Regelmäßige Wutausbrüche und Kontrollverlust, auch Alkohol ... Ja, das sind alles Beziehungskiller!« Ich bin mit mir sehr zufrieden, das alte Ich kehrt zurück und ich fühle wieder meine Kraft!
Sie schaut mich an und sagt: »Haben Sie Lust auf ein Experiment?«
»Ich mag Ihre Experimente, Rätsel lösen habe ich als Kind so gerne gemacht und es fühlt sich hier bei Ihnen ähnlich an. Ja, ich bin bereit.«
»Die nächsten Tage schauen Sie sich bitte Ihre Notizen an und finden Sie Beispiele, in denen Sie sich wiedererkennen.«
»Sie meinen, womit ich die Verantwortung für unsere kaputte Beziehung trage?« Sie nickt. »Alles klar, das ist eine leichte Aufgabe!«

9.
Was macht krank? Äußere Umstände oder doch eher unsere eigenen Gedanken?

Das Wochenende ist rum und ich bin unterwegs zu meinem Coachinggespräch und sogar das Wetter spielt heute mit und beschenkt mich mit blauem Himmel und Sonnenstrahlen. Am Tisch im Besprechungsraum wird mir so warm uns Herz ..., schafft sie diese Wärme oder bin ich das selbst? Solche Momente erlebe ich öfter in der letzten Zeit. An den Umständen hat sich kaum etwas verändert und trotzdem ist etwas anders. Noch blicke ich nicht dahinter, vielleicht ist es auch unwichtig. Ich spüre immer mehr Energie und Lebenslust, das ist im Moment das Einzige, was wirklich zählt. Während sie uns frischen Kaffee zubereitet, denke ich über meine Aufgabe nach. So viele treffende Beispiele habe ich auch nicht gefunden.
»Wie ging es Ihnen die letzten Tage?«, fragt sie.
»Ich habe versucht, das Beste aus meiner Krankheit zu machen, und ehrlich gesagt genieße ich sie sogar. Ich konnte mich immer wieder mit der Begründung zurückziehen, dass ich ein bisschen mehr Ruhe gebrauchen kann. Das ist auch legitim, wenn jemand krank ist, nicht wahr?«
»Ja, klar. Wie haben Sie sich dabei gefühlt? Wie ging es Ihnen?«
»Erstaunlicherweise gut, der Unterschied zu früher war, dass ich vor der Krankheit lieber gearbeitet habe, und jetzt nehme ich mir bewusst Zeit, um mich mit meinen Gedanken intensiv zu beschäftigen.«
»Haben Sie Fiona etwas erzählt?«
»Tatsächlich ja, habe ich. Ich sagte ihr, dass diese Aufgabe für mich und für unsere Beziehung gut ist und sie mir bitte nicht böse sein soll, wenn ich mich zurückziehe.«
»Wie hat Fiona darauf reagiert?«
»Mit Verständnis. Und noch viel mehr, sie hat mir gesagt, dass ich mich melden solle, wenn sie mich irgendwie unterstützen kann, damit wir diese Aufgabe zusammen besprechen. Mit der

Reaktion habe ich gar nicht gerechnet. So liebevoll – oder ich weiß nicht, wie ich ihre Reaktion sonst nennen kann. Das hat mir Hoffnung gegeben, dass es uns als Paar oder Familie doch noch gibt. In anderen Worten, es ist wie ein Wunder, aber Fiona verändert sich gerade.«

»Das ist sehr schön. Vielleicht passiert das, weil sie sich selbst verändern, und sie reagiert darauf?«

»Das haben Sie schon mal erwähnt und wer weiß, vielleicht ist es tatsächlich so. Was die Aufgabe angeht, habe ich mir intensiv Gedanken gemacht und dabei kam heraus, dass ich mich distanziere und abgrenze, wobei ich ihr ja genau das vorwerfe. Nur bei mir ist es doch anders.«

»Wieso genau ist es bei Ihnen anders?«

»Fiona hat kein Interesse an mir, an uns und ich bin manchmal einfach überfordert, mir ist in der letzten Zeit alles zu viel geworden.«

»›Wissen‹ Sie oder ›glauben‹ Sie, dass Fiona kein Interesse an Ihnen mehr hat?«

»Treffer! Ich weiß es nicht oder ich wusste es nicht. Geglaubt habe ich das, gewusst eher nicht.«

»Das Desinteresse hört sich so gegenwärtig an, stimmt das?«

»Ja, sonst hätte ich das nicht gesagt, glaube ich. Wieso?«

»Sie haben mir vorhin erzählt, dass Fiona so liebevoll und verständnisvoll reagiert.«

»Ja, stimmt. Ich merke gerade wieder, dass mein Gehirn ziemlich seltsam funktioniert und die Sachen filtert. Ich möchte Ihnen was erzählen. Vor einigen Tagen waren Fiona und ich spazieren und auf dem Weg nach Hause haben wir unsere Nachbarn getroffen: ein älteres Paar, welches ein paar Häuser weiter von uns wohnt. Der Mann erzählte uns, wie die Gegend früher aussah und wer in den Häusern gewohnt hat. Er redete von Kriegszeiten und wie sie als Kinder in den Höfen gespielt haben, auch wie er sein ganzes Leben als Fahrer für den Bürgermeister gearbeitet hat. Und dann sagte er: ›Diese kleine Frau und ich sind seit über sechzig Jahren verheiratet. Wir haben alles erlebt, alles von Leid und Schmerz bis zu vielen glücklichen Momenten und keinen Tag habe ich es bereut, dass wir zusammen sind.‹ ›Mein Weibchen‹ hat er sie genannt. Süß, nicht wahr?«

»Was haben seine Worte mit Ihnen gemacht?«

»Die Worte sind mir im Kopf geblieben und ich habe mir immer wieder Gedanken darüber gemacht. Sechzig Jahre lang sind sie verheiratet – und diese Tiefe, mit der dieser große Mann über seine wirklich kleine, vielleicht (maximal) ein Meter fünfzig große Frau gesprochen hat. Das ist für mich wahre Liebe. So ein Glück, dass die beiden sich damals über den Weg gelaufen und heute immer noch zusammen sind.«

»Glück können wir das sicherlich nennen. Vielleicht sind da einfach auch Arbeit an der Beziehung, gegenseitiges Interesse und gemeinsame Pläne, die sie zusammengeschweißt haben? Ich kenne solche Paare auch. Zum Beispiel meine Eltern oder auch meine Großeltern.«

»Sie meinen, auch hier geht es um die Verantwortung für die glückliche Beziehung, die jeder von uns allein trägt? Und dass dies nichts mit Glück zu tun hat?«

»Ich denke, langfristig gesehen nein, eine glückliche Beziehung hat nichts mit Glück zu tun, sondern mit Kompromissen, Arbeit an der Beziehung, Zusammenwachsen und Zusammenhalt. Und das Wichtigste, eine glückliche Beziehung fängt mit einer stabilen, glücklichen Beziehung zu uns selbst an.«

»Ja, auch wenn ich früher einer anderen Meinung war, die Beispiele und mittlerweile meine eigenen Beobachtungen dank Ihrer Impulse und Experimente zeigen mir, dass es wirklich so ist.«
»Vielen Dank, welche weiteren Erkenntnisse haben Sie mitgebracht?«
»Respektlosigkeit und verlorene Achtung sind gar nicht mein Fall. Jemanden erziehen zu müssen, ist gar nicht mein Hobby, aber Fionas schon, und das nervt mich dermaßen, das können Sie sich nicht vorstellen.«
»Okay, dann bleiben wir für einen Moment noch genau bei diesem Thema. Welche Menschen in Ihrer Umgebung sind von Ihrer Respektlosigkeit und verlorenen Achtung betroffen?«
»So stellen Sie die Frage? Nicht ob, sondern welche Menschen betroffen sind?« Sie nickt. »Ich brauche für die Antwort ein bisschen Zeit.« Wie Flashbacks erscheinen verschiedene Gesichter in meinen Kopf: viele Kollegen, meine Angestellten, Fiona, meine Eltern ... »Nein, ich finde nichts. Wobei, einen Moment bitte. In den Mitarbeiterumfragen haben etliche Mitarbeiter etwas Ähnliches über mich geschrieben. Ich verstehe nicht, warum, und finde das Wording unverschämt. Zugegeben, in letzter Zeit bin ich regelmäßig ausgerastet, okay, ich verliere leider sehr schnell die Kontrolle. Gilt dies auch als Beispiel?«
»Ja, natürlich.«
»Andere für dumm zu halten, ist mir auch mehrmals passiert, das öffentlich mit Kollegen anzusprechen, war vielleicht nicht immer die beste Wahl, das gebe ich zu. Okay, ich sehe es ein, beruflich passt es. Bei Fiona ..., sie erziehen zu müssen, auch das ist schon vorgekommen. Ich sage ihr immer wieder, wie sie eine bessere Mutter werden kann. Etliche Beispiele fallen mir ein, was sie mit David und Marie verbessern könnte.«

»An wen erinnert Sie so ein Verhalten?«
»Eltern.« Plötzlich wird mir klar, was sie mir damit zeigen möchte. Ich kritisiere in Menschen das, was ich selbst bin. »Mir wird auf einmal etwas klar: Ich sage Fiona immer wieder gerne, dass sie nicht die beste Mutter ist, wobei ich selbst auch kein Vorbild als Vater bin. Das meinen Sie?«
»Ganz genau, und meistens wird es sichtbar, wenn wir emotional die anderen kritisieren, denn all das sind unsere eigenen Schattenseiten. Wie steht es mit Ihnen selbst? Wie verhalten Sie sich, auch wenn nur gedanklich, sich selbst gegenüber?«
»Fragen Sie lieber nicht. Ich glaube, die Art, wie ich mit den anderen umgehe, ist noch harmlos im Vergleich mit dem gedanklichen Umgang mit mir selbst. Jetzt macht es Sinn. Dieses Puzzleteil hat mir gefehlt.«
»Wunderbar erkannt. So geht es vielen von uns, wenn nicht den meisten.«
»Wenn ich in meine Notizen schaue, sehe ich als Nächstes: ›geringe Einsatzbereitschaft und Engagement‹. Auweia, auch hier ist Verbesserungspotenzial bei den Mitarbeitern, Kollegen und natürlich bei der Familie.«
»Und bei Ihnen selbst?«
»Oh, ich habe mich selbst schon wieder vergessen. Ja, Sie meinen mein Engagement den Mitarbeitern, Kollegen und der Familie gegenüber? Wenig, ich habe die letzte Zeit noch nicht für mich selbst Zeit genug gehabt. Und ich erinnere mich an die Aufgabe im Bad, der Spiegel ist fest in meinem Kopf. Ich brauche mich in erster Linie.«
»Auch hier sehr gut erkannt. Für die anderen da sein zu können, geht nur, wenn wir erst für uns selbst da sind. Ich sage immer wieder gerne: Bevor du die Welt verbessern gehst, schaue dir dein eigenes Haus an.«

»Wissen Sie, was für mich gerade neu ist? Ich hatte immer geglaubt, dass private und berufliche Themen nie miteinander verbunden sind. In unserer Zusammenarbeit erkenne ich, dass es feste Zusammenhänge gibt, und das macht für mich die Sache leichter, auch wenn das vielleicht komisch klingt. Immerhin sind das nicht zwei große Baustellen, sondern nur eine.«
»Das Wichtigste ist, erst mal zu verstehen, was das Thema hinter dem Thema ist, und in den allermeisten Fällen ist das die fehlende Selbstliebe oder der fehlende Selbstwert. Zum Glück ist das Problem in uns selbst und somit auch die Lösung.«
»Wissen Sie, ich habe von Fiona immer erwartet, dass sie mehr Empathie mir gegenüber zeigt, mehr Verständnis, weil ich so viel zu tun habe, aber vielleicht hat sie all die Jahre viel mehr zu tun gehabt als ich. Sie hat unser Leben, unsere Kinder so organisiert, dass ich Karriere machen konnte. Sie war wie eine unsichtbare Stütze. Wobei, wieso eigentlich ›war‹, sie ist es immer noch. Ich war oft wütend und weiß nicht, warum.«
»Menschen, die wütend sind, sind oft einfach ängstlich.«
»Ich erinnere mich an Ihren Satz: Angst vor meiner eigenen Irrelevanz. Sehr treffend, und in der Tat ist die Realität deutlich freundlicher als unser Denken. Ich habe noch ein paar Gedanken aufgeschrieben. Ich habe von Fiona erwartet, dass sie mich versteht. Genauso wie von meinen Kollegen und Mitarbeitern. Da ich nie, aus meiner Sicht natürlich, gespürt habe, dass ich verstanden werde, war ich sauer und zum Teil wütend. Manchmal wollte ich einfach nur verschwinden, irgendwohin, weit weg … von allem und jedem! Und das Leben neu anfangen. Vielleicht ist das der Grund, warum ich mich immer mehr zurückgezogen habe. Nicht nur zu Hause, in meinem Büro, auch in der Firma. Dort habe ich meine Assistentin informiert, dass ich nicht gestört werden möchte. In meiner Position geht es einfach, Tür zu, Punkt. Das Gefühl, nicht ver-

standen zu werden, hat in mir so eine Traurigkeit und Enttäuschung hervorgerufen, dass ich mich Tag für Tag mehr von der Welt distanziert habe, und dies so erfolgreich, dass ich einsam geworden bin. Wie ein verletztes Kind habe ich mich gefühlt. Nach dem Motto: Niemand mag mich.«

»Was waren Ihre Hoffnungen in solchen Momenten? Was hätten Sie sich anderes von den Beteiligten gewünscht?«

»Ganz klar, dass sie den ersten Schritt machen und mir das Gefühl geben, dass ich gebraucht werde, geliebt werde. Das Paradox dabei ist, je mehr ich mich distanziert habe, desto weniger wollten die Menschen Kontakt zu mir.«

»Wie hat es sich angefühlt?«

»Wie in einem falschen Film. Ich bin mir selbst fremd geworden. Es kam manchmal zu Eskalationen. Stefanie, meine Kollegin, hat einmal etwas angesprochen, was ich anders machen könnte, und ich bin ausgerastet, habe sie so lange beleidigt, bis sie nichts mehr sagen konnte und geweint hat.«

»Wie haben Sie sich dabei gefühlt?«

»Interessanterweise sehr gut, das war befreiend. Ich war sogar stolz auf mich. Sie war nicht die Einzige im Büro, die mich so erlebt hat. Meine Opfer habe ich mir gezielt ausgesucht. Sie hatten alle eins gemeinsam: Bei allen konnte ich mich gut wehren. Dabei habe ich mich so großartig gefühlt. Bei Fiona zu Hause war es genauso. Direkt danach ging es mir besser, etwas später immer schlechter, weil ich oft erkannt habe, dass ich selbst falsch lag. Nur habe ich mich nie getraut, den anderen das mitzuteilen. Fehler zuzugeben ist nur theoretisch einfach.«

»In der Tat, daran arbeiten wir noch. Was ist Ihnen noch eingefallen?«

»Sonst nicht wirklich etwas Neues.« Dabei schaue ich mich im Raum um: die wunderschönen Blumen, der stilvolle Ventilator, irgendwie lädt hier alles zu Reflexion und Entspannung ein, und das mit Leichtigkeit. Da ist er wieder, der Spiegel. Interessant, dass sie so viele Spiegel überall hat.

»Wenn ich fragen darf, wieso haben Sie überall so viele Spiegel?«

»Finden Sie, dass ich so viele habe?«

»Eigentlich schon, beziehungsweise nein, nur diesen einen hier. Die Aufgabe mit dem Spiegel damals im Krankenhaus hat mich so beeindruckt, vielleicht sehe ich sie deswegen überall?«

»Das ist möglich. Viele Paare, die ein Kind haben möchten, sehen nur Schwangere und Familien mit Kindern und so erscheint ihnen, dass jeder ein Kind hat, dies als ein Beispiel.«

»Genauso war das auch bei uns damals. Wissen Sie, in der Firma stehen viele Mitarbeiter ständig in Gruppen und trinken Kaffee. Da kann ich manchmal ausrasten, dafür werden sie bei uns nicht bezahlt! Das Thema habe ich bereits mehrmals in Meetings angesprochen und angeblich ist das nicht so, wie es mir erscheint. Jetzt überlege ich mir, dass es vielleicht tatsächlich so ist beziehungsweise nicht so ist, wie ich es mir vorgestellt habe. Vielleicht war nur mein Fokus darauf gerichtet und die Augen, wie Filter, haben mir Ergebnisse geliefert, die ich sowieso schon suchte, denn ich war der Einzige, dem das aufgefallen ist.«

»Genauso wirkt unsere Wahrnehmung, wir sehen praktisch genau das, was wir suchen. Suchen wir nach Menschen, die Kaffee trinken, finden wir diese. Bei allem anderen ist es genauso.«

»Worauf wollen Sie hinaus? Dass der Spiegel hier mir zeigen soll, dass ich eine kaputte Beziehung zu mir selbst habe, wobei ich gerne im Außenbereich die Verantwortlichen suche und erfolgreich finde?«

»Was macht diese Erkenntnis mit Ihnen?«

»Ich falle immer wieder auf die Nase, fast jede unserer Sitzungen endet so und ich verstehe das nicht und beim nächsten Mal mache ich den Fehler noch mal. Sind andere Klienten von Ihnen besser?«

»Darum geht es nicht, jeder von uns macht diese Reise, mal schneller, mal langsamer. Das ist wie im Urlaub, wenn Sie wandern gehen und immer wieder stehen bleiben, um den Ausblick zu genießen. Manche anderen machen es nicht. Sind sie, die anderen, dann besser als Sie?«

»Ich glaube nicht.«

»So ist das auch in der Persönlichkeitsentwicklung, es geht nicht um die Geschwindigkeit, sondern um die Tiefe, die die Veränderungen mit sich bringen.«

»Ein wunderschönes Bild haben Sie mir gerade mitgegeben. Ich möchte heute Abend Fiona zu unserem Lieblingsitaliener einladen, um langsam das, was noch da ist, wiederaufzubauen.«

»Es sind nicht die Berge, die uns im Weg stehen, es sind immer nur wir selbst. Ihnen viel Freude und schöne Momente.«

10.
Die größte Sucht, unter der wir leiden, ohne es zu wissen

Beim letzten Mal hatte mein Coach mir eine Frage mitgegeben: »Wenn alles möglich wäre, was hätten Sie sich damals in Ihrer Kindheit von Ihren Eltern gewünscht?«

Eine sehr interessante Frage, die mich seitdem beschäftigt. Ich glaube, aus der Perspektive von heute haben meine Eltern versucht, das Beste für mich als Kind zu machen, dennoch haben sie viel für ihre Karriere gemacht und sich vielleicht ein Stück voneinander entfernt. Es gab Streit und ich hatte damals Angst, dass sie sich trennen und ich mich entscheiden müsste, bei wem ich leben wollte. Ich lebte mit der Schuld, dafür verantwortlich zu sein. Ich habe es gelernt, mich anzupassen, wo es geht, und auf meine Weise brav zu sein. Im Grunde genommen wäre ich froh, wenn die Eltern damals für sich selbst gesorgt hätten und lieber selbst glücklich geworden wären. Indem sie sich selbst geliebt hätten. Nun haben auch sie möglicherweise nicht die Anleitung von ihren Eltern bekommen und so wiederholt sich die Geschichte von Generation zu Generation. Anerkennung, Wertschätzung, Lob gab es schon, nur hauptsächlich nach außen.

Zu Hause habe ich dann ein paar andere Geschichten mitbekommen, die auch zu meiner Realität geworden sind. Meine Eltern wünschten sich, dass ich im Leben weiterkomme als sie und insbesondere in meiner Karriere mehr erreiche. Wobei: heute denke ich, dass Glück und Zufriedenheit für mich deutlich wertvoller wären als materielle Erfolge. Auf der Suche nach meinem Glück habe ich vieles ausprobiert und bin süchtig geworden: süchtig nach noch mehr! Mehr Erfolg, mehr Geld, immer mehr, mehr, mehr. Auch ein Mehr an Meinung anderer Menschen. Was sie über mich glauben, wie gut ich bei ihnen ankomme. Ja, bei mir ist definitiv angekommen, dass die größte Sucht und Abhängigkeit genau das ist: Sucht nach Anerkennung und Liebe anderer Menschen. Hätten meine Eltern genau das damals vorgelebt, wäre ich heute wirklich weiter. Ja ..., hätte, hätte, Fahrradkette ...

In meiner nächsten Sitzung teile ich meine Gedanken mit meinem Coach und sie sagt: »Viele von uns gehen diesen Weg, bis wir feststellen, dass, wer glaubt, dass wir genug Liebe von außen bekommen können, sich täuscht oder enttäuscht wird. Vor der Realität zu fliehen ist eine der beliebtesten Strategien, die allerdings nur sehr kurzfristig Erfolge bringt und uns bald auf unserem Weg weitere Enttäuschungen erleben lässt.«
»Das habe ich auch ausprobiert und mich in den Job vertieft, dabei die Familie beinahe verloren und, am allerschlimmsten, mich selbst. Ich habe lebenslang versucht, Beziehungen aufzubauen: zu Vorgesetzten, zu Kollegen und Kolleginnen, Kunden, Nachbarn, Freunden und so weiter. Die Beziehung zu mir selbst habe ich dabei sehr vernachlässigt, weil mir diese Wichtigkeit nicht bewusst war.«
»Genau so ist es: Wir haben immer eine Beziehung zu uns selbst, ob uns dies bewusst ist oder nicht. Wie gut diese Beziehung ist, zeigt sich in dem, wie glücklich und zufrieden wir mit den eigenen Gedanken und Gefühlen, mit unserem Körper und in unserem Herzen sind.«
»Okay, mich selbst zu verurteilen habe ich gelernt und gerne praktiziert. Jetzt ist für mich die Zeit gekommen, diese Strategie zu entfernen, auch für Fiona und meine Kinder. Das ist das Mindeste, was ich ihnen schulde. Noch habe ich Zeit, etwas, das ich versäumt habe, gutzumachen. Wie haben Sie letztens so schön gesagt: ›Wenn wir Kinder kritisieren, hören sie trotzdem nicht auf, uns Eltern zu lieben. Sie hören auf, sich selbst zu lieben.‹«

»Wissen Sie was, wir können noch weiter gehen und ich frage mich, was der folgende Satz mit Ihnen macht: ›Je mehr Sie andere kritisieren, desto weniger lieben Sie sich selbst.‹«

»Verstehe ich richtig, dass ich hier wieder ausschließlich bei mir selbst anfangen kann?«

»Ja, genau und dass die Auswirkungen im Außen bald spürbar sein werden. Wenn wir unsere innere Welt – die Gedanken und Gefühle – verändern, verändert sich damit auch die Welt im Außen.«

»Bedeutet das, dass sich dann auch meine Wut, mein Hass und Ärger auflösen?«

»Lassen Sie sich überraschen. Vielleicht wäre eine gute Strategie, die Aufmerksamkeit auf die Liebe und Verbindung mit sich selbst zu lenken?«

»Anstatt auf Wut, Hass und Ärger? Wie war das noch mal damals mit ›hin zu‹ oder ›weg von‹?«

»Ja, genau das meine ich! Hin zu der Verbindung, Liebe und Akzeptanz sich selbst gegenüber anstatt weg von Angst, Wut und Ärger. Nicht umsonst sagen wir: Energie folgt der Aufmerksamkeit. Wie oft hängen wir am Problem fest und finden keine Lösung? Wie oft konzentrieren wir uns auf etwas, von dem wir »eigentlich« loskommen wollen? Das Geheimnis dabei ist unser Fokus. Worauf richten wir unsere Aufmerksamkeit: auf etwas, was wir haben wollen oder werden wollen, oder auf etwas, was uns stört, belastet oder schmerzt?«

»Sie sagten eben: Je mehr wir andere kritisieren, desto weniger lieben wir uns selbst. Gilt es auch für unsere beruflichen Beziehungen? Mir fällt auf, dass ich die letzten Monate oft meine Kollegen und Angestellten kritisierte. Sie sollen doch besser performen! War das falsch?«

»Vielleicht kommt es darauf an, was wir kritisieren und wie genau wir unsere Kritik äußern?«

»Laut, manchmal zu laut ..., leider. Wenn ich das Ganze heute betrachte, war ich im Grunde selbst ein sehr unglücklicher und verletzter Mensch. Noch dazu ziemlich egoistisch, weil ich meine eigenen beruflichen Ziele zu gerne in den Vordergrund gestellt habe. Ohne Rücksicht auf Verluste und Konsequenzen bin ich hart mit meinen Mitmenschen umgegangen. Erst seit Kurzem merke ich, dass alle meine Themen sehr wohl etwas miteinander zu tun haben. Ich meine meine privaten und beruflichen Baustellen. Ich glaube, in Beziehungen habe ich alles falsch gemacht, was man nur falsch machen kann. Auf falsche Prioritäten gesetzt, Menschen dabei vernachlässigt und dabei bin ich im Gegenzug immer unglücklicher geworden.«

»Mit Ihren Zielen meinen Sie...?«

»Ah, ja ..., beruflich noch weiter aufsteigen. Die Stelle des CEO im Headquarter bei uns im Konzern ist gar nicht so unrealistisch.«

»Ich verstehe. Was ist hinter diesem Ziel? Angenommen, Sie sind jetzt schon CEO geworden, was haben Sie, was Sie früher nicht hatten?«

»Ansehen, Macht!«

»Danke, Ihre Antwort erinnert mich gerade an ein Kundengespräch letzte Woche, da ging es um die Eigenschaften einer schlechten und guten Führungskraft. Wie schätzen Sie diese Eigenschaften ein?«

»Davon habe ich mehrere Beispiele von Kollegen. Zu den schlechten Eigenschaften zählt auf jeden Fall herabwürdigende Kritik, absolute Unfähigkeit zu delegieren, strategische Überforderung beziehungsweise Schwäche und nicht vorhandenes Engagement, alles zu geben!«

»Das war schnell. Habe Sie sich bereits damit auseinandergesetzt?«

»Ja, in letzter Zeit hatten wir viele Meetings und Gespräche, die diese Ergebnisse offenbart haben. Was kam außerdem noch in Ihrem Gespräch heraus?«
»In der Tat gab es noch ein paar Ergänzungen, wie fehlendes Einfühlungsvermögen; ungerechte Entscheidungen auf einer Seite und grundlegende Unlust, wichtige Entscheidungen zu treffen, auf der anderen Seite; arrogantes Auftreten und regelmäßige Wutausbrüche; fehlende Empathie.«
»Ja, diese Liste hätte ich gerne, damit ich sie mit meinen Kollegen teilen kann, für unsere Mitarbeiterumfragen. Wir sollten jetzt daran arbeiten und unsere Performance als Führungskräfte optimieren.«
»Gerne, erkennen Sie die Probleme auch bei Ihnen im Unternehmen?«
»Ja, da würden mir so manche Namen von Kollegen spontan einfallen.«
»Ist unter all diesen Namen auch ein Name dabei, den ich eventuell persönlich kenne?«
»Lassen Sie mich mal überlegen … Ich hatte sicherlich zwei oder drei Kollegen erwähnt. Brauchen Sie konkrete Beispiele?«
»Noch nicht, wenn Sie noch einmal in sich gehen, werden Sie dann fündig?«
Plötzlich sehe ich den Spiegel und ich ahne das Schlimmste!
»Sie meinen mich?«
»Wenn Sie so fragen, zählen Sie sich dazu?«
»Ehrlich gesagt nicht. Wobei, eigentlich schon. Erwischt, schon wieder.«

»Wieso erwischt? Es geht um Erkenntnisse. Solange wir nicht wissen, was mit uns nicht stimmt, können wir das auch nicht verändern, nicht wahr?«

»Ich hätte nicht gedacht, dass die Veränderung so schwer sein kann. Warum ist das so? Was meinen Sie?«
»Möglicherweise weil wir mit unterschiedlichen Prägungen, Verhaltensweisen und Gedankenmustern bereits seit Jahren, wenn nicht gar das ganze Leben, schon so vertraut sind, dass diese zu neutralisieren oder umzuschreiben eben dauert.«
»Wissen Sie, was das Schlimme ist? Ich war arrogant, wütend und ignorant und das war mir egal! Hauptsache, meine Erfolge haben gestimmt.«
»Sie haben vorhin die Macht als Ziel hinter Ihren Karrierezielen erwähnt. Was bedeutet diese Macht für Sie genau?«
»Sie haben mir neulich eine andere Frage gestellt: Was ist der Unterschied zwischen ›leben‹ und ›existieren‹. Ich habe mir viele Gedanken darüber gemacht und auch wenn es vielleicht für Sie jetzt überraschend klingt, sehe ich da eine Parallele. Der Unterschied ist nämlich für mich die Angst und hinter der Macht steht auch vermeintliche Abwesenheit von Angst. Zumindest habe ich das jahrelang geglaubt. Paradoxerweise: je mehr Macht ich hatte, desto mehr Angst entwickelte ich auch. Und heute frage ich mich, ob Macht wirklich das ist, was ich will?«
»Welche Ängste steuern Sie?«
»Die Angst zu scheitern steht ganz oben auf der Liste. Die Angst, nicht mehr dazuzugehören oder kritisiert zu werden, mit der Konsequenz, allein zu bleiben. Sehen Sie, ich sage nicht mehr einsam. Zumindest das ist bereits in meinem Kopf angekommen.«
Meine Gesprächspartnerin hört mir sehr aufmerksam zu und ihr Gesichtsausdruck hilf mir dabei, meine Wahrheit auszusprechen. Diese Befürchtungen haben mir schlaflose Nächte bereitet und Chaos und Schmerz im Kopf verursacht, und gerade merke ich, wie einfach es ist, darüber zu reden. »Da ist

auch die Angst zu scheitern, und das mittlerweile nicht nur im Beruf, sondern auch privat. Auch ist da die Angst, nicht das zu bekommen, was andere haben, oder soll ich besser sagen: die Angst, nicht genug zu bekommen. Einen großen Respekt habe ich vor Beschämung, vor dem Ausgelachtwerden. Wissen Sie, so ein Gefühl wie damals in der Kindheit. Fürchterlich. Die Angst, ausgegrenzt zu sein. Und noch was: die Angst, das Wichtigste im Leben zu verpassen.«
»Und was ist das Wichtigste im Leben?«
»Ich glaube, geliebt zu sein, wie man ist.«
»Von wem?«
»Familie, Freunden ...« Plötzlich, wie ein Blitzschlag, trifft mich eine Erkenntnis! »Beinahe hätte ich wieder mein altes Programm eingeschaltet. Nein, geliebt von mir selbst ... in erster Linie.« Sie zeigt mir Notizen zu meinen eigenen Gedanken und ich sehe: »nicht gut genug zu sein«. Ja, auch das gehört dazu, zu hinterfragen, prüfen, ob das noch stimmt oder ob ich mich umsonst mental kaputtmache. Ich spüre Tränen in meinen Augen, aber heute bedeuten sie Freude.
Sie erzählt: »In meinem Leben habe ich vieles erreicht, mir unterschiedliche Ziele gesetzt und, egal wie hoch sie waren, immer alles getan, um diese zu erreichen. Eines Tages, spät abends auf dem Weg nach Hause nach einem zehnstündigen Workshop, habe ich an einer unscheinbaren Tankstelle gehalten und konnte die Tränen nicht zurückhalten. Ich war für alle Leute da und es wurden immer mehr, bis es eines Tages zu viele geworden waren. An dem Tag, damals in meinem Luxusauto und in schicker Designerkleidung, habe ich eine Entscheidung getroffen: Stelle deinen Job nie über deine Gesundheit, deine Familie und Beziehungen und das Wichtigste ist: Stelle deinen Job nie über dich selbst. Ich habe selbst damals alles, was mir wichtig war, aufgeschrieben und mich damit auseinanderge-

setzt. Da kamen etliche Fragen hoch und sie zu beantworten war nicht immer einfach.«

»Darf ich fragen, welche Fragen Sie sich damals gestellt haben?«

Sie geht in einen anderen Raum und kurze Zeit später kommt sie mit einem Notizbuch zurück. Schwarzes Leder, stylishes Papier … Ich bin gespannt, was jetzt kommt. »Hier ist die erste Frage, die damals alles ausgelöst hat: Mit welchen Menschen vergleiche ich mich? Sind das die, die erfolgreicher, attraktiver, wohlhabender, beliebter sind als ich? Was macht das mit mir? Diese Vergleiche haben mich damals sehr getrieben nach noch mehr! Mehr Erfolg, mehr Wohlstand, mehr Luxus. Armselig, nicht wahr?«

»Das kenne ich!«

»Was denke ich über mich als Menschen? Was sind meine Talente? Im Grunde genommen habe ich meine Talente für die anderen immer wieder optimiert. Ich bin damals gerne eine Extrameile gegangen, indem ich für meine Kunden sofort da war, wenn sie mir das in irgendeiner Form signalisiert haben. Um die Wertschätzung oder wenn Sie möchten Liebe von anderen zu bekommen war ich sofort da. Es kamen noch mehr Aufträge, die ich angenommen habe, auch im Bewusstsein, dass es zu viel war. Ich konnte einfach nicht nein sagen, weil ich Angst hatte, dass ich sonst nicht gebucht würde.«

»Wow, vielen Dank für diese Offenheit. Das berührt mich sehr.«

»Heute kann ich offen darüber reden, weil ich weiß, wie schwer das ist, die Veränderungen selbst praktisch zu leben und nicht nur theoretisch darüber zu reden. Da ist noch eine vielleicht interessante Frage: Wie gehe ich mit mir um, wenn es mir nicht gut geht? Wenn mir etwas misslingt oder ich enttäuscht bin?«

»Was war Ihre Antwort?«

»Ich habe mich noch mehr kritisiert und fertiggemacht. Starke Allergien und Kopfschmerzen waren der Preis, den ich für meine Gedanke zahlen durfte. Das waren Zeiten, in denen ich noch geglaubt habe, dass eine Tablette aus der Apotheke mir helfen kann, und kurzfristig waren die Symptome weg, dennoch war ich tagsüber so müde, dass ich kaum durchhalten konnte. Nach außen hat die Erfolgsmaske gut gewirkt. Die zweite Liste mit dem, was ich an mir ablehne, ist immer länger geworden. Das waren die Zeiten, in denen ich ›eigentlich‹ alles hatte und glücklich war. Nicht die Umstände, meine eigenen Gedanken haben mich beinahe zerstört. Einen Tages las ich irgendwo: ›Schlaf rettet dich nicht, wenn die Seele müde geworden ist.‹ Ich habe sogar angefangen zu glauben, dass es mein Schicksal sei und dabei waren es nichts anderes als meine Gedanken!«

»Ich verstehe immer mehr, wieso Sie gerne die Wichtigkeit unseres positiven Selbstbilds erwähnen.«

»Was wir wirklich über uns selbst denken, ist in der Tat deutlich wichtiger als das, was die anderen über uns denken. Schließlich haben wir uns selbst immer mit dabei.«

11.
Kinder als Spiegel unserer Beziehungen

Heute bin ich viel gelaufen und habe mir Gedanken über meine Erkenntnisse gemacht. Wenn es den Eltern gut geht, geht es auch den Kindern gut. Wie interessant ist das, damals als Kind hatte ich mir genau das von meinen Eltern gewünscht, dass es ihnen gut geht und ich somit auch glücklich sein kann. Heute mit meinen eigenen Kindern glaubte ich, dass es umgekehrt ist. Irgendwie kriege ich das noch nicht zusammen. Ich werde es einfach später ansprechen. Da gibt es, glaube ich, noch einiges an Klärungsbedarf.

Die Sonne scheint und es riecht sehr angenehm in der Praxis meines Coaches.

»Ich habe heute ein großes Fragezeichen mitgebracht. Wäre es für Sie in Ordnung, wenn wir damit anfangen?«
»Selbstverständlich. Es ist sogar sehr wichtig, wenn nicht das Wichtigste, bevor wir etwas verändern können, zu verstehen, warum das eine oder das andere im Leben so oder so verlaufen ist. Solange die Ursache nicht klar ist, kann sie auch nicht behoben werden. Also, bitte, was ist Ihre Frage?«
»Sie haben einmal gesagt, dass unsere Kinder oder auch unsere Tiere der beste Spiegel unserer selbst sind. Das verstehe ich noch nicht ganz.«
»Okay, gerne. Kinder, und ja, auch Tiere, haben eine wichtige Funktion und Aufgabe in unserem Leben. Sie spiegeln uns täglich, wie es in unserem eigenen Inneren wirklich aussieht.«
»Versteh ich nicht, und was ist mit der Erziehung? Kommt sie nicht von uns Eltern?«
»Richtig, nur, vielleicht etwas überspitzt formuliert, müssten wir die Kinder gar nicht erziehen, denn sie machen nicht das, was wir sagen, sondern sie machen uns Erwachsenen alles nach. Im besten Fall leben wir authentisch genau das vor, was

wir unseren Kindern sagen. Dann ist alles gut. Nur, genau hier liegt oft auch das Problem. Unsere Kinder spiegeln uns Dinge unbewusst wider, unabhängig davon, wie wir versuchen, uns nach außen glücklich, entspannt et cetera darzustellen. Lebt man zum Beispiel selbst voller Ängste, fangen auch die Kinder an, entweder ängstlich zu sein oder durch ihr Verhalten bringen das in Eltern auf die Oberfläche zu bringen, was man verbergen wollte.«

»Wenn es so ist, dann sind das bei mir Abgrenzung und Wut, die mir David und Marie mal mehr, mal weniger widerspiegeln. Manchmal kamen die Aggressionen sehr plötzlich und unerwartet zum Ausdruck.«

»Was steckt Ihrer Meinung nach hinter Ihrer eigenen Aggression und Abgrenzung?«

»Angst und Hilflosigkeit.«

»Wenn Sie möchten, können wir uns das gleich etwas anschauen.«

»Gerne.«

»Was nervt Sie am Verhalten Ihrer Kinder?«

»Ihre Ignoranz.«

»Wie fühlen Sie sich, wenn Ihre Kinder Sie ignorieren?«

»Ich fühle mich ignoriert oder noch besser gesagt machtlos und zum Teil übergangen. Das macht mich sehr traurig.«

»Kennen Sie das Gefühl aus Ihrer eigenen Kindheit?«

»Leider ja. Meine Eltern haben mich ignoriert, wenn ich nicht brav war oder nicht so funktioniert habe, wie sie sich das gewünscht haben, und dabei wollte ich nur geliebt werden.«

»Aus der Perspektive heute, wie geht es Ihren eigenen Kindern?«

»Wahrscheinlich genauso. Auweia, ...«

»Okay, Sie grenzen sich ab oder, in Ihren Worten ausgedrückt, Sie ignorieren Ihre Kinder, weil Sie David und Marie nicht lieben?«

»Ganz bestimmt nicht. Vielleicht will ich sie sogar schützen, dass sie von meinem Leid nicht zu viel abbekommen. Eben weil ich sie liebe.«
»Verstehe. Ist es möglich, dass Ihre eigenen Eltern ähnliche Gründe hatten?«
»Oh mein Gott ... Ja, mit Sicherheit sogar. Die Gespräche darüber habe ich immer wieder im Erwachsenenalter mitbekommen.«
»So ist das. Jedes Verhalten hat eine positive Absicht. Nur, diese ist uns nicht bewusst oder wird uns erst später bewusst.«
»Sorry, noch eine Frage: Bedeutet das, dass ich als Vater, als Elternteil daran schuld bin, das meine Kinder Probleme machen?«
»Das würde ich so nicht nennen. Es ist einfach so, dass wir alle verbunden sind. Wenn ich als Elternteil zum Beispiel überfordert bin, mir das aber nicht eingestehen will, mir aber keine Hilfe hole, dann werden Kinder, die auch darunter leiden, unbewusst den Druck erhöhen, damit uns Erwachsenen unsere Baustellen bewusst werden und wir an uns arbeiten. Wenn wir solche Zusammenhänge verstehen, entdecken wir eine hervorragende Gelegenheit, uns geistig zu entwickeln. Alles dadurch, dass wir das Wort ›Schuld‹ durch ›Verantwortung‹ ersetzen und bei uns selbst anfangen.«
»Einen Moment, da war was, was ich mir neulich notiert habe: Heute sind wir als Eltern für das innere Kind verantwortlich und auch für unsere Gefühle und Liebe.«
»Sehr gut. Was steckt Ihrer Meinung nach hinter den Schuldgefühlen?«
»Der Hass, den ich entwickelt habe.«
»Nun, Achtung, Hass macht abhängig. Das ist in etwa so, als würden wir das Gift für den anderen vorbereiten und leider täglich selbst etwas davon trinken.«

»Sehr bildlich, das ergibt Sinn.«
»Was würden Sie aus unserer heutigen Sitzung bis jetzt mitnehmen?«
»Dass mir mein Versuch, die eigenen Baustellen zu verbergen, misslungen ist und meine Kinder, obwohl sie noch so jung sind, mich trotzdem, wenn auch unbewusst, durchschaut haben. Was ich noch gerne mitnehme, ist, dass es sich auch für das Wohl meiner Kinder lohnt, an meiner eigenen Persönlichkeit zu arbeiten und die Baustellen bei mir selbst aufzuräumen. Nur so kann ich glücklich sein und meine Umgebung auch: Fiona, meine Kinder, Eltern, Firma et cetera werden dadurch beeinflusst. Auch nehme ich mit, dass Hass abhängig macht, und ich bin bereit, an der Vergebung zu arbeiten.«

Auf dem Weg nach Hause sehe ich Bilder von mir damals als Kind und von meinen Kindern heute. Welche unglaubliche Parallele ich gerade erkannt habe. Ich habe mir damals so sehr gewünscht, dass meine Eltern einfach glücklich sind und bei uns zu Hause Harmonie herrscht, anstelle von Spannung nach innen und Show nach außen. Bei mir und Fiona ist das nicht anders. Wir sind eine Bilderbuchfamilie, leider nur auf dem Papier. Das möchte ich verändern. Auch das Museum des Lebens ist mittlerweile fest bei mir im Kopf. Wenn alle Menschen da draußen wüssten, was in meinem Kopf passiert ... Was wäre dann?

Stopp! Wieso beschäftige ich mich wieder mit den anderen Menschen und was sie eventuell von mir halten? Immerhin schnell erkannt. Ich habe meine Eltern jahrelang dafür kritisiert und was mache ich heute? Ich verhalte mich selbst genauso wie sie. Ich lege das gleiche Verhalten an den Tag, das ich an ihnen nicht gemocht habe. Wenn ich heute vieles aus der Perspektive von heute betrachte, sehe ich, dass sie damals aus Liebe gehandelt haben, genauso wie ich heute. Nur manchmal können wir einfach nicht anders, weil wir selbst überfordert sind. Ich merke, wie ich Stück für Stück näher zu mir komme oder bei mir selbst ankomme.

12.
Was tun, wenn wie aus heiterem Himmel alte, vertraute, schmerzliche Erinnerungen auftauchen?

Ich stehe da, neben der Couch im Wohnzimmer, und möchte am liebsten verschwinden. Sie ist laut und ich habe Angst …

»Habe ich dir nicht gesagt, dass du lernen sollst! Nein, du wolltest lieber spielen, weil du es immer besser weißt! Und nun? Wenn es so weitergeht, gibt es nicht nur Fernsehverbot, sondern auch einen Nachhilfelehrer als hoffentlich letzte Rettung. Du darfst nicht so tief abrutschen, was sollen alle über uns denken? Mit solchen Leistungen kannst du höchstens auf eine normale Schule gehen und in Zukunft vielleicht irgendwo als Sachbearbeiter landen und dann noch hoffen, dass das Geld bis Ende des Monats reicht.«

Mir geht es nicht gut. Ich habe gelernt, aber ich verstehe Physik einfach nicht, egal wie viel ich lerne. Dazu kommen noch die Ängste, dass ich das, was ich gelernt habe, während der Klassenarbeit nicht mehr weiß. Leider passiert genau das häufig oder ich verwechsle die Antworten …

Schweißgebadet wache ich um Punkt 3:26 Uhr auf und mein Herz pocht, da ist sie wieder …, die Angst …

Später im Telefonat mit meinem Coach frage ich:
»Was kann ich tun, wenn plötzlich alte, vertraute, schmerzliche Erinnerungen auftauchen? Ich hatte neulich einen Albtraum und die Angst war so präsent, dass ich lange gebraucht habe, mich wieder mehr oder weniger zusammenzuraffen.« Ich erzähle ihr von meinem Traum …
»Welche Angst genau ist das? Was könnte passieren?«
»Die Angst zu versagen, zu scheitern, kritisiert zu werden. Wobei die Kritik an sich aus meiner Sicht unbegründet ist.«
»Wie fühlen Sie sich in solchen Situationen?«

»Hilflos, ohnmächtig. Ja, das ist es, die Macht fehlt mir in diesem Moment komplett.«
»Macht wird oft von Ihnen erwähnt. Im beruflichen Zusammenhang, gerade letztens haben wir uns darüber unterhalten.«
»Vielleicht ist das genau der Grund, warum Macht für mich beruflich so ein großes Thema ist? Je höher ich in der Hierarchie aufsteige, desto mehr Macht habe ich und immer weniger Menschen können mich verletzen? Denn genau da brauche ich mir keine Sorgen mehr zu machen, ob ich verstanden oder geliebt ... Das ist gerade sehr einleuchtend. Nun, was kann ich tun, wenn solche Erinnerungen plötzlich auftauchen?«
»Was machen Sie, wenn Sie festgestellt haben, dass Sie tief in einem Loch sitzen?«
»Wie meinen Sie das?«
»Wirklich wörtlich. Sie stellen fest, dass Sie in einem tiefen Loch stecken ...«
»Ich versuche nach oben zu kommen, wenn ich das allein nicht schaffe, dann rufe ich nach Hilfe! Ist das okay oder meinen Sie etwas anders?«
»Es gibt noch ein kleinen, unscheinbaren Schritt, welchen die meisten unterschätzen ..., dennoch ist er essenziell: Wenn Sie erkannt haben, dass Sie tief in einem Loch sitzen, hören Sie sofort auf, noch tiefer zu graben!«
»Macht für mich Sinn. Nach dem Traum habe ich damit nicht aufgehört und dadurch meine Verletzung immer wieder gedanklich erlebt. Was ist sinnvoller?«
»Nehmen Sie Ihre inneren Bilder bewusst wahr und erzählen Sie mir bitte, wie diese Angst sich anfühlt.«
Ich fange an und meine Erzählung versetzt mich in die Zeit zurück ... »Fürchterlich, ich fühle mich so klein und wertlos. Ich kann schlecht atmen und weine.«

Gefühlt einige Stunden später, nachdem wir eine intensive Arbeit mit meinem inneren Kind gemacht haben und ich mich ganz anders fühle, wie soll ich das beschreiben ... Das ist, als ob die Bilder aus der Kindheit noch da wären, aber die Emotionen dazu sich komplett verändert hätten. In anderen Worten heißt das, es tut nicht mehr weh und sogar ganz im Gegenteil: Ich verspüre eine Art von Frieden in meinem Körper und kann endlich frei und tief atmen.
Ich sage ihr: »Danke Ihnen für diese spontane mentale Übung oder – ich weiß nicht, wie ich das sonst beschreiben soll. Ich bin frei von der Last, welche auf meinen Schultern lag. Zumindest jetzt fühle ich mich so und das zum ersten Mal. Ich möchte, natürlich wenn es geht, noch einmal das Thema ›nicht erfüllte Bedürfnisse und der dadurch entstehende emotionale Mangel‹ zurückkommen, damit ich zu dem eben erlebten Wunder auch eine logische Erklärung habe.«
»Sehr gerne, mit dieser Übung oder Methode lernt man, mit sich selbst so umzugehen, wie wir es uns damals von unseren Eltern gewünscht hätten. In anderen Worten lernen wir, für uns selbst die Rolle guter Eltern zu übernehmen. Das Schlimme sind nicht die Erfahrungen an sich, die wir damals als Kinder hatten, sondern die harten Reaktionen oder eben auch Nicht-Reaktionen unserer Bezugspersonen auf diese Erfahrungen. Was hat Sie traurig gemacht? Die Erfahrung (eine schlechte Note in der Schule) an sich oder etwas anderes?«
»Die Erfahrung an sich war unschön, viel schlimmer die Reaktion meiner Eltern. Der Trost hat mir damals so gefehlt, weil ich doch so viel für die Schule gemacht habe, allerdings nur Kritik zu hören bekommen habe. Das hat mich immer wieder sehr verletzt.«

»Ich verstehe, und genau deshalb können wir dies heute nur verändern, indem wir unter anderem aussprechen, was wir brauchen. Das, was wir als Kinder in kritischen Situationen nicht gesagt haben oder uns einfach nicht getraut haben zu sagen, will und kommt heute noch zum Ausdruck in unterschiedlichen Ausprägungen. Selten verstehen wir die Zusammenhänge, dennoch sind sie da.«

»Verstehe ich Sie richtig, dass heute meine Frau und manche Kollegen in mir Emotionen triggern, die mich direkt in Situationen in der Kindheit versetzen, weil sie dort durch Missverständnisse entstanden sind beziehungsweise Perspektiven des Kindes von damals sind?«

»So ähnlich. Deswegen sage ich auch immer wieder: Heute sind wir die Eltern für das innere Kind in uns und nur wir selbst können uns genau das geben, was uns fehlt und was wir brauchen. Das ist Liebe.«

»Was genau ist das innere Kind?«

»Das innere Kind ist ein Persönlichkeitsanteil von uns, wenn Sie möchten, ist das innere Kind eine bildliche oder symbolische Vorstellung unserer Emotionen. Das sind unser inneres Bild, unsere innere Stimme, die wir in Gedanken wahrnehmen. Wenn wir mit dem inneren Kind arbeiten, lernen wir uns selbst besser zu verstehen und kommen uns selbst immer näher.«

»Aber im Grunde hat jeder doch irgendwas durch Menschen erlebt, Zurückweisungen, Verletzungen, Enttäuschungen und so weiter, die vielleicht selbst nicht glücklich waren. Allerdings dachten sie, dass sie uns, wenn schon nicht sich selbst, zu einem normalen oder, wie ich heute lieber sage, zu einem angepassten Menschen erzogen haben. Und alles, weil sie das selbst nicht anders erlebt haben und nicht besser wussten?«

»Ganz genau. Und so fingen wir an, uns ein Selbstbild zu erschaffen, welches verzerrt war und oft immer noch auch im Erwachsenenalter ist. Jedes Mal, wenn wir kritisiert wurden, hat unser negatives Selbstbild noch eine Extraschicht an Negativität bekommen und wir entfernten uns immer weiter von unserem Selbstwert oder dem Glauben daran, dass wir liebenswert sind. So langsam wurden viele von uns zu einem absolutem Profikritiker oder Feind.«
»Sehr nachvollziehbar. Wie können wir Menschen mit solchen Baustellen leicht erkennen?«
»Vielleicht etwas provokativ, dennoch: Je mehr jemand andere kritisiert, desto weniger liebt er sich selbst. Desto mehr leben wir im Krieg mit uns selbst. Kritik an anderen ist eine Art Sucht für viele Menschen geworden. Es wird alles kritisiert von Politik bis Familie oder Gesellschaft. Allerdings bleibt dem heftigen Kritiker unbewusst: Er schadet sich selbst damit und lenkt sich von der mangelnden Liebe zu sich selbst ab.«
»Ich finde mich in Ihrer Aussage wieder, leider.«
»Wieso leider? Unsere Gedanken sind das Problem und die Lösung zugleich!«
»Ja, das hatten wir schon. Stimmt.«
»Wie ist das, wenn die Menschen sich gewalttätig verhalten?«
»Sie meinen, wenn das immer wieder geschieht?«
»Ja, das meine ich.«
»Wenn wir so ein Verhalten tolerieren, ist die Frage, warum uns das passiert und wie wir innerlich darauf reagieren.«
»Okay, ich verstehe. Noch einmal für mich zum Verständnis, wenn irgendeine negative Emotion in mir hochkommen sollte, dann mache ich die Übung, die wir heute mehrmals gemacht haben?«

»Ja, alles, was wir damals vermisst haben, können nur wir uns selbst heute wirklich geben: Verständnis, Trost, Aufmerksamkeit, Liebe.«
»Entschuldigung, eine Frage habe ich noch: Muss man vorher noch meditieren oder sonst irgendwelche Rahmenbedingungen schaffen, damit diese Übung funktioniert?«
»Nein, müssen Sie nicht. Diese Übung können Sie jederzeit in den Alltag integrieren, das Einzige, was wichtig ist, ist, dass Sie sich für diesen Moment mental zurückziehen können.«
»Okay, ich schließe die Augen, atme ein und aus ..., achtsam. Stelle mir mein inneres Kind vor, den kleinen Jan von damals, und gebe ihm genau das, was er braucht: Geborgenheit, Sicherheit und Liebe.«
»Ja, bitte probieren Sie es aus. Bei Kleinigkeiten werden Sie wahrscheinlich schnell Erfolge verspüren, genau das gilt auch für akute Themen, die mit einer professionellen Begleitung später angeschaut werden, um die belastenden Emotionen zu neutralisieren. Was nehmen Sie heute aus der Sitzung mit?«
Meine Augen leuchten, das spüre ich selbst, und ich sage: »Die Sitzung heute hat mich vom Schmerz und den Sorgen befreit und auf der anderen Seite bin ich mir selbst begegnet. Den Grundstein für meine Selbstliebe haben wir gelegt. Das ist großartig und so fühle ich mich. Auch habe ich heute begriffen, dass meine Sucht nach Macht in meiner Karriere nichts anderes ist als ein nicht gelungener Versuch, das zu erfüllen, was kein anderer von außen erfüllen kann: Liebe, Akzeptanz und Wertschätzung. Diese Erkenntnis wird möglicherweise auch mein berufliches Leben verändern. Ich weiß aber noch nicht genau, wohin die Reise gehen wird. Mal abwarten. Habe ich heute eine Hausaufgabe?«

»Eine kleine freiwillige Aufgabe: Experimentieren Sie mit ihrem inneren Kind und erzählen Sie mir bei der nächsten Sitzung, was Sie erlebt haben.«

»Das mache ich, sehr gerne sogar! Danke Ihnen für alles!«

13.
Heilung bedeutet, das Gegenteil der ursprünglichen Verletzung zu erleben

Gestern, als ich mit Fiona essen war, haben wir uns über Glücklichsein und meine neuen Erkenntnisse unterhalten. Anscheinend trägt es wirklich bereits die ersten Früchte, weil sich Fiona und unsere Beziehung verändern. Oder besser, weil ich mich verändere, verändert sich auch unsere Beziehung.

Die Theorie und meine Erkenntnisse im Coaching schreibe ich mir auf und beobachte meine Gedanken, mein Verhalten und die ersten Erfolge. Was ich auf jeden Fall bestätigen kann, ist, dass wir anderen die Macht über uns geben, solange wir unser Glücklichsein von ihrem Verhalten abhängig machen. Solange ich glaube, dass mein Vater, mein Chef, meine Kollegen oder auch meine Mutter, meine Partnerin und meine Kinder das oder dies nicht tun sollten, kämpfe ich nur bloß gegen das, was war, und vergifte mich selbst mit den Gedanken. Genau das macht mich unglücklich und auch handlungsunfähig. Meine Gedanken machen mich zum Opfer. Und dann ist da auch noch die Sache mit dem Spiegel: Wir kritisieren in anderen genau das, was wir an uns selbst nicht mögen, auch wenn es nicht immer leicht ist, sich das einzugestehen. Hierfür habe ich auch lange gebraucht und die Aussage verneint, dennoch, je tiefer ich suche, desto mehr Beispiele finde ich. Auch als Kind habe ich es gehasst, kritisiert zu werden … für meine durchschnittlichen Leistungen, angebliche Faulheit, für meine Schwäche. Das ist verrückt, heute gefällt es mir genauso wenig wie damals, aber auch ich habe heftig meine Kollegen und Mitarbeiter kritisiert, ohne mir Gedanken zu machen, dass es sie eventuell auch verletzt. Und ja, ich bin ein Experte darin geworden, mich selbst zu kritisieren. Einerseits habe ich durch diesen Motivationsschub auch einiges im Leben erreicht, die Frage ist nur, zu welchem Preis? Ich habe beinahe die Familie verloren, bin als Wrack im Krankenhaus gelandet. Mein innerer

Kritiker flüsterte mir ständig ins Ohr: »Du Versager, wie soll es so weitergehen? Das schaffst du nicht mehr. Vergiss es! Perfekt war gestern und damit ist jetzt vorbei.« In der Tat hat mein Hang zum Perfektionismus mich fast selbst zerstört. Einer der wichtigsten Schritte dieser Tage war die Auseinandersetzung mit meiner Definition des Perfektionismus und meiner Rolle dabei. Der innere Kritiker hat mir sogar geholfen, wenn auch indirekt mit seinem Satz: »Perfekt war gestern.« Ich habe mir die Bedeutung intensiv angeschaut und mich damit von der Macht des Perfektionismus befreit. Das hat mein Leben schon mal viel leichter gemacht, zumindest fühlt es sich so gerade an.

Wenn ich mich als wichtigsten und wertvollsten Menschen annehme und lieben lerne, geht es nur mit Akzeptanz dessen, was ist, und nicht, was perfekt wäre. Der Druck, den ich mir und leider auch meinen Mitmenschen gemacht habe, hat das Leben und Arbeiten nur schwer(er) gemacht.

Mein Coach hat mir bei der letzten Sitzung ein Arbeitsblatt mitgegeben, ich schaue mal rein.

Inneres Kind – Arbeitsblatt

Kontakt zum inneren Kind aufnehmen oder wiederbeleben
Was hast du als Kind gern getan? Was konntest du stundenlang tun, ohne dass dir langweilig wurde? Was hast du sehr gerne gespielt?

Lerne, Zeit mit deinem inneren Kind (gerne) zu verbringen
Es ist gut möglich, dass dein inneres Kind manchmal trotzig auf dich reagiert. Das Kind wurde jahrelang im Stich gelassen und ignoriert, von daher sei geduldig und lerne Schritt für Schritt die Beziehung zu deinem inneren Kind aufzubauen, damit es dir wieder Vertrauen schenken kann.

Kleine Hilfen können dir diese Sätze sein:
Du bist sicher, geborgen und geschützt.
Ich bin bei dir und wir schaffen das zusammen.
Und was besonders schön an dir ist: dass du da bist.
Ich bin immer für dich da.
Ich halte zu dir. Egal was geschieht.
Du bist gut, genau so wie du bist.
Es ist vollkommen in Ordnung, traurig, enttäuscht, wütend, verzweifelt oder ängstlich zu sein.
Ich liebe dich.

Schenke deinem inneren Kind auch körperliche Zuwendung, wenn du das Gefühl hast, dass es diese braucht und sich wünscht. Du kannst dich selbst sanft berühren oder auch deinem inneren Kind in der Vorstellung sanfte Berührungen (auf dem Schoß nehmen, umarmen et cetera) schenken.

Zeige deinem inneren Kind deinen Alltag, deine Welt
Stell dir vor, du nimmst dein inneres Kind einmal bewusst mit und dein Erwachsenen-Ich zeigt ihm oder ihr, was du tagsüber machst und erlebst. Wie reagiert dein inneres Kind auf deine Welt beziehungsweise deinen Alltag, deine tägliche Routine? Was gefällt ihm? Was mag es (überhaupt) nicht?

Dialog mit dem inneren Kind – dein Erwachsenen-Ich kann deinem inneren Kind nun Fragen stellen

Beispiele:
Was brauchst du gerade?
Was kann ich für dich gerade tun?
Was macht dich so ängstlich, wütend, verzweifelt, traurig …?
Auf wen bist du wütend?
Wie fühlst du dich mit … ? (Name einer bestimmten Person)
Wie geht es dir mit unserer Arbeit? Was möchtest du mir sagen?

Der Dialog kann dir dabei helfen, sehr viel über dich selbst, deine Vergangenheit und deine aktuelle Situation zu erfahren. Dein inneres Kind hat dir viel zu erzählen, lerne aufmerksam zuzuhören. Es kann sehr hilfreich sein, ein Tagebuch über deine Gedanken, den Austausch und deine Erkenntnisse zu führen. Auf diese Weise werden deine Fortschritte sichtbarer beziehungsweise merkst du klarer, wo du nicht allein weiterkommst.

Kontakt zum deinem inneren Kind: eine Fotomontage
Den gesamten Prozess kannst du unterstützen, indem du ein (Lieblings)Foto aus der Kindheit und dein (Lieblings)Foto von heute auf einer Fotomontage zusammenführst. Du kannst entweder zwei Fotos kreativ zusammenkleben oder eine App nutzen und das Ergebnis auf deinem Handy speichern.

Gefühle zulassen und warum es empfehlenswert ist, das nicht alleine zu probieren

Fühle einfach das Gefühl, ohne über eine Antwort nachzudenken oder die Antwort zu analysieren. Bleibe bei dir, bei deinem Atem und dem Gefühl.

Beobachte und schaue, ob ein Bild oder eine Art Antwort spontan in deinem Inneren auftaucht. Fokussiere dich darauf. Oft sind das so etwas wie Flashbacks, dabei sind manchmal die inneren Bilder ganz klar und gar nicht so selten handelt es sich erst mal um Farben oder ein Gefühl (besonders bei Gefühlsmenschen).

Schaue dir dieses Bild an

Was siehst du?
Bist du drinnen oder draußen?
Bist du allein oder ist jemand bei dir?
Ist es Tag oder Nacht?
Wo bist du?
Wie alt bist du?
Was passiert gerade?
Wie fühlst du dich?
Wo ist das Gefühl im Körper?

Das Erwachsenen-Ich betritt die Szene. Gib deinem Kind-Ich (deinem innerem Kind) genau das, was es braucht. Nimm es in den Arm, tröste es, sage ihm genau die Worte, die es braucht (die du damals als Kind gebraucht hättest). Beispiele findest du oben in »Lerne, Zeit mit deinem inneren Kind zu verbringen«.

Mit dieser Übung kann es passieren, dass sich das unangenehme Gefühl komplett und nachhaltig auflöst oder zumindest eine Erleichterung für den Moment schafft.

Und so fange ich an, meine Hausaufgabe zu erledigen. Wie waren noch die Fragen? Ah, genau: Was hast du als Kind gern getan? Was konntest du stundenlang tun, ohne dass dir langweilig wurde? Was hast du gerne gespielt? – Diese Fragen finde ich sehr ansprechend. Was habe ich als Kind gerne getan? Gebaut! Bei meiner Oma oder auch bei uns zu Hause habe ich so gerne mein eigenes Reich gebaut. Bei der Oma hinter der Tür im Esszimmer, in der Ecke, in der ich geschützt war und mich so pudelwohl gefühlt habe.

Schutz ... Habe ich Schutz gesucht? Nur vor wem? Hm ... Meine imaginären Freunde waren dort immer mit dabei, wir haben täglich Gespräche geführt und waren so glücklich zusammen. Der Rest der Welt schien mir nicht wirklich diese Geborgenheit zu bieten. Vielleicht die Oma in der Küche, während ich sie stundenlang dort beobachtet habe.

Was war denn woanders anders? Ich glaube, ich weiß es: Woanders wurde ich kritisiert und das hat so wehgetan. »Jan, du musst es besser machen. Du kannst es nicht. Du musst noch viel üben. Vergiss es, du schaffst das nicht. Das ist nicht so gut, versuch es noch mal.« Das ist es. In meinem Reich war ich ein Star und anderswo ein Niemand. Alle meine imaginären Freunde haben mich bewundert und woanders wurde ich ausgelacht und kleingemacht. Das hat mich verletzt und so wehgetan. Mein Coach meinte, dass uns heute immer noch Spaß macht, was wir damals als Kinder so gerne getan haben. Schutz bauen. Wie von einem Blitzschlag getroffen weiß ich plötzlich, warum ich heute so gerne eine Mauer zu anderen Menschen aufbaue, hinter die ich mich zurückziehe. So kann mich keiner verletzen. Meine Position macht so ziemlich vieles möglich. Ja, ich kann es mir leisten, einfach ständig die Tür geschlossen zu halten, weil ich eben »beschäftigt« bin. Meine Sekretärin weiß Bescheid und macht ihren Job richtig gut. In meinem eigenen Reich war ich etwas ganz Besonderes, außerhalb aber ein Nichts.

Heute bin ich nach außen stark, souverän und selbstsicher ..., aber innerlich ängstlich, verletzlich und klein. Und da ist er, der kleine Jan, er sitzt allein auf der Couch. Traurig, er fühlt sich nicht verstanden: »Reiß dich zusammen! Du bist schon groß, und hör auf zu weinen, du bist doch kein Mädchen.« Allein, hilflos, traurig ... Ich mache den Schritt hinein in die Szene, nähere mich vorsichtig an und umarme ihn. »Hey Jan, ich bin bei dir. Wir schaffen das. Ich bin da.« Der Kleine kuschelt sich an mich und schaut mich mit seinen großen Augen an. Der Blick voller Tränen.

»Ich kann das nicht, warum verstehen sie es nicht?«
»Wen meinst du?«
»Meine Eltern. Ich kann das nicht. Ich verstehe diese Aufgabe nicht.«
Er schaut mich ängstlich an und fragt: »Bin ich dumm?«

Oh Gott, dieser Satz lebt in meinem Kopf, immer wieder sagt ihn meine innere Stimme zu mir. Was mache ich jetzt? Das innere Kind aufbauen wäre wohl richtig, oder? Kann ich das? Okay, tief einatmen ...

»Nein, Jan, das bist du überhaupt nicht!«
»Woher weißt du das? Kennst du mich? Ich sehe dich zum ersten Mal! Wer bist du? Lass mich in Ruhe!«
»Jan, komm her. Ich weiß das, glaub mir. Ich bin bei dir und alles wird gut.«

»Du hast keine Ahnung, meine Mama sagt, dass ich ein Sachbearbeiter werde, wenn ich so weitermache und das ganze Leben lang Geld sparen muss. Ich weiß noch nicht mal, was ein Sachbearbeiter ist. Das muss ein ganz schlimmer Job sein.«

Auweia, denke ich mir. Diese Aussage kenne ich zu gut. Ich habe sie so oft im Leben gehört. Damals in der Kindheit. Das Kind erfolgreicher Unternehmer muss mindestens genauso erfolgreich sein. Karriere, Macht, Leistung sind wichtig und besonders, was die anderen denken oder sagen, jedenfalls für meine Mutter. Der Wille, Macht als Schutz zu sehen, nicht verletzt zu werden, etwas Wertvolles zu sein, hat es mir ermöglicht, tatsächlich unglaublich viel in meinem beruflichen Leben zu erreichen. Nur diese Vorstellungen eines Erfolgs haben mich immer wieder von Zufriedenheit und Glück im Inneren entfernt. Und da sitzt er, der kleine verletzte Junge. Hilflos, missverstanden und einsam, gefangen in der Horrorvorstellung seiner Gedanken. Als ich klein war, hatte ich Angst vor Geistern und Monstern unter meinem Bett. Eines Tages im Coaching hörte ich, dass die schlimmsten Geister nicht unter dem Bett, sondern in unserem Kopf leben. Und in der Tat ist meistens die Vorstellung deutlich schlimmer als Realität.

»Jan, ich weiß, dass alles gut sein wird, denn ich bin du und du bist ich. Ab jetzt bin ich bei dir und zusammen schaffen wir das.«

Der Kleine schaut mich mit Bewunderung an und sagt: »Erzähl mir bitte was aus deinem Leben.«
»Ich habe meine Schule und mein Studium mit sehr guten Ergebnissen abgeschlossen und die Karriere fing sozusagen direkt nach der Uni an. Erst war ich Chef von kleinen Teams und

später von immer größeren. Ich lebte das, wovon ich damals geträumt habe. Ich wohne in einem großen Hause und habe eine tolle Familie mit zwei kleinen Kids.«
»Musstest du als Sachbearbeiter anfangen? War das wirklich so schlimm, wie die Mama sagt?«
»Ja, ich habe ganz unten angefangen. Das ist so etwas wie ein Sachbearbeiter und nein, schlimm war das nicht. Im Gegenteil, wenn ich die Stelle damals aus der Perspektive von heute betrachte.« Allerdings wollte ich immer mehr, das sage ich ihm jetzt lieber nicht. Vielleicht um mein Kind-Ich, mein inneres Kind, zu retten, schreiben wir die Geschichte ab jetzt gemeinsam um?
»Lass uns was zusammen machen, bitte! Zeig mir deine Welt! Ich will sie sehen.«
»Was möchtest du als Erstes machen oder haben?« Ich bin auf die Antwort gespannt und überlege, was ich mir damals gewünscht hätte. Vielleicht sagt er jetzt ›eine Carrera-Bahn‹, die ich mir gewünscht, aber nie bekommen habe. Er schaut mich an und sagt: »Ich wünsche mir, dass du für immer bei mir bleibst und ich nie mehr allein bin. Ich möchte dich als meinen besten Freund haben. Nur für mich.«
Ich umarme ihn und sage: »Mache ich sehr gerne. Ich möchte dich auch als meinen besten Freund haben!«

14.
Wodurch erlangen wir Liebe, Lob und Anerkennung von anderen?

Heute erzähle ich zu Beginn meiner Sitzung von meinen Experimenten mit den Gedanken und dem inneren Kind. Auch von meinen Entdeckungen, einen Schutz aufbauen zu wollen und die Macht als Instrument zu nutzen, um nicht verletzt zu werden. Und von der finanziellen Macht über Fiona, weil ich mich als Sponsor ihrer Wünsche gesehen und mich dadurch sehr groß gefühlt habe. Wobei, vielleicht geht es auch ihr, genau wie dem kleinen Jan, gar nicht um materielle Geschenke, sondern um meine Anwesenheit und liebevolle Verbindung?

»Ein Thema finde ich im Moment sehr spannend und möchte heute darüber reden: Wodurch habe ich mir Liebe, Lob und Anerkennung verdient?«
»Eine sehr wichtige Frage, vielen Dank dafür. Kinder holen sich die Aufmerksamkeit, diese kann positiv oder negativ sein, eines für sie wichtigen Menschen. Meistens sind das die Eltern, Großeltern, Betreuer im Kindergarten, Lehrer et cetera. Diese – nennen wir sie Strategien – sind unterschiedlich und verlaufen in der Regel unbewusst:

Rebellieren: Die Kinder sagen gerne Nein und rebellieren. Dadurch erhalten sie Aufmerksamkeit und stehen im Mittelpunkt. Auch wenn sie dann *negativ* auffallen.

Anpassung: Hier fallen die Kinder eher *positiv* auf, weil sie brav und lieb sind. Sie machen alles, um geliebt zu werden, vermeiden Konflikte aller Art und versuchen, jede Erwartung zu erfüllen. Das sind die Kinder wie aus einer Bilderbuchgeschichte: unauffällig und immer pflegeleicht.

Leistung/Hochleistung: Sie leisten, lernen viel und fleißig, weil sie sich durch das Lob dafür definieren.

Krankheiten: Häufige Erkrankungen oder auch chronische Erkrankungen ermöglichen dem Kind extra Aufmerksamkeit und Zuwendung. Sucht, gebraucht zu werden: andere retten wollen, sich für sie aufopfern.

»Beim Rebellieren, bei hoher Leistung und bei Krankheiten erkenne ich mich wieder. Wobei, wenn ich mir meine Notizen zu diesen Strategien gerade noch einmal anschaue, vielleicht erkenne ich mich in allen wieder. Schlimm, nicht wahr?«
»Welche davon wenden Sie heute noch bei Ihrer Partnerin, Ihren Kollegen, Mitarbeitern, Kunden und Vorgesetzten et cetera an?«
»Anpassung und Leistung bei meinen Vorgesetzten. Ich habe mich ehrlich gesagt selbst oft dafür gehasst. Krankheit bei Fiona und den Kids, in der Hoffnung, die Familie zu retten. Die Sucht, gebraucht zu werden, ebenfalls bei meiner Karriere oder wie wir bei uns ironisch sagen: bei der Rettung der Welt. Rebellieren ... eher zu Hause und manchmal ergibt es keinen Sinn, dennoch scheint mir die Strategie Spaß zu machen. Ich merke, dass die damaligen Kinderstrategien heute eher kontraproduktiv sind, und sie beschenken mich reichlich mit Frust, Enttäuschungen und Schmerz. Wow, und das alles in der Hoffnung, gemocht zu werden. Ich habe dafür einen sehr hohen Preis bezahlt und möchte mich nicht mehr verbiegen.«
»Heute als Erwachsener können wir lernen, uns selbst die Anerkennung, Aufmerksamkeit und Liebe zu schenken, die wir früher gebraucht haben und von denen wir geglaubt haben, dass wir sie von wichtigen Bezugspersonen nicht bekommen.«
»Ist das der Grund, warum wir Erwachsene uns oft so kindisch verhalten?«

»Ja, das stimmt, oft höre ich: ›Ich bin doch kein Kind mehr!‹ Als Erwachsener sind wir keine Kinder mehr, aber wenn wir uns selbst in unterschiedlichen Situationen beobachten, merken wir, dass wir uns immer wieder ziemlich kindisch verhalten. Partnerschaften sind das beste Beispiel, aber auch viele Situationen im Büro.«

»Stimmt, oft sagt man sogar: ›Das ist wie ein Kindergarten‹, wenn die Kollegen oder auch ich selbst bockig, trotzig oder wütend wie ein kleines Kind werden.«

»Ja, das innere Kind meldet sich in Situationen, die wir aus der Kindheit kennen, als wir uns hilflos gefühlt haben, traurig oder eifersüchtig waren. Die Gefühle haben wir vergeblich versucht zu verdrängen oder wir haben unseren Fokus auf die Ablenkung gesetzt.«

»Meinen Sie, dass das kleine Kind in uns die Macht über uns Erwachsene hat und uns dazu zwingt, unsere gewohnte Verhaltensweise zum Vorschein zu bringen, die wir kurze Zeit danach aber bereuen? Und alles, weil wir dieses Kind, unseren Persönlichkeitsanteil nicht wahrnehmen, akzeptieren und lieben wollen?«

»Wie klingt das für Sie: ›Das kleine Kind in uns hat die Macht über uns Erwachsene‹?«

»Stimmt, wenn ich meinen Satz jetzt noch einmal höre, klingt er bescheuert, Entschuldigung. Und schon wieder ist sie da – die Macht. Mal bin ich das Opfer und mal der Täter. Interessant …«

»Was unterscheidet in diesem Fall das Opfer vom Täter?«

»Unsere Gedanken? Unsere Einstellung?«

»Ja, oder in anderen Worten: die Verantwortung … für unser Glück, für die Liebe und unsere Zufriedenheit. Verantwortung macht uns erst handlungsfähig. Wir erwarten oft von unseren Partnern das, was wir von unseren Eltern erhielten oder nicht erhielten, oder besser gesagt, aus der Perspektive von heute, was wir geglaubt oder nicht geglaubt haben zu bekommen: Liebe. Ganz nach dem Motto: Du musst mich lieben und so annehmen, wie ich bin …, wobei ich das selbst nicht tue. Das Zweite ist uns meistens nicht bewusst.«

»Ich glaube, ich verstehe endlich auch die Zusammenhänge im Beruf. Auch dort werden die Anerkennung und Wertschätzung in alle Richtungen gefordert, wobei das auch so ähnlich ist: Wir können uns, unsere Leistungen selbst nicht wirklich wertschätzen und suchen nach dem Ausgleich von außen, werden danach süchtig, weil wir immer mehr wollen.«

»So schaut es aus. Heute im beruflichen Kontext erwarten wir von anderen (Vorgesetzten, Mitarbeitern, Kollegen, Kunden et cetera) das, was wir damals von unseren Eltern zu bekommen gehofft haben: bedingungslos geliebt zu werden, niemals kritisiert zu werden …, egal was war. Auch unsere Eltern hatten Eltern, die sie manchmal nicht so geliebt haben, wie sie sich es gewünscht hätten. So wiederholt sich die Geschichte von einer Generation zur nächsten.«

15.
Kritische Beziehungen als Geschenke für unser Wachstum auf dem Weg zum persönlichen Glück

Die letzten Tage habe ich öfter an meine Vergangenheit gedacht und wie Flashbacks kamen Erkenntnisse, wodurch ich die Liebe von anderen bekam. Viel zu oft habe ich mir diese Liebe gekauft, in dem ich alles finanziert habe, was Fiona oder die Kids haben wollten. Ich wollte einfach ein guter Mann und ein guter Vater sein. Verschiedene Szenen aus der Kindheit, in denen ich ignoriert wurde ..., aus der damaligen Sicht, wie ich heute verstanden habe. Nein, meine Eltern wollten, glaube ich, einfach nur Grenzen setzen, was ich selbst auch mache. Aber das hat damals eben zu meiner Programmierung gepasst, auch oft zu viel zu geben, um Anerkennung zu bekommen, egal um welchen Preis. Bin ich heute noch so? Schon möglich, denn trotz Krankschreibung habe ich mir öfter E-Mails angeschaut und meinen Senf dazugegeben. Manchmal ging es um Belanglosigkeiten, gestehe ich. Anstatt meinen Kollegen zu vertrauen und sie gewähren zu lassen. Aber nein, dann kommen immer wieder Erlebnisse aus den vergangenen Monaten mit teilweise unschönen Ergebnissen und die Vergangenheit holt mich wieder ein. Im Jetzt zu leben ist eine gute Vorstellung, aber wie geht das?

»Ich stelle immer wieder fest, dass ich mich viel zu oft gedanklich in der Vergangenheit befinde und die Gedanken aktivieren die Verletzungen wieder. So falle ich zurück in die alten Muster. Ich möchte mich heute darüber unterhalten, wenn es für Sie in Ordnung ist.«
»Selbstverständlich, das ist ein sehr wichtiges Thema. Sehr oft wird die Vergangenheit zur Gegenwart, dessen sind wir uns nicht immer bewusst. Sie bestimmt unser Verhalten und aktiviert die Verletzungen von damals oder wir lassen es zu, diese Verletzungen ständig neu gedanklich und emotional zu erleben. Uns fehlt die Kraft und wir sind permanent geschwächt.

Es ist nicht leicht, in so einem Zustand handlungsfähig zu sein und den Moment zu genießen. Es ist so, als würden wir ständig unnötig eine schwere Last mit uns tragen müssen.«

»Da fällt mir etwas ein. Ich weiß nicht mehr, wie alt ich damals war, aber wir waren auf einem Ausflug und sollten darauf achten, dass der Rucksack leicht genug war. Im Geheimen habe ich in meinen Rucksack viele Sachen eingepackt, um im richtigen Moment meine Freunde zu beeindrucken. Nun war mein Rucksack so schwer, dass ich kaum laufen konnte, und mein Spielzeug hat keinen wirklich interessiert, weil alle sich lieber die Geschichten, die der Lehrer so erzählte, angehört haben. Der Preis war hoch, weil ich den unnötig schweren Rucksack trotzdem mitschleppen musste. Ich habe versucht, meinen Schmerz keinem nach außen zu zeigen. Daraus habe ich damals nicht viel gelernt, zumindest was das Gewicht angeht. Dass es mit den Gedanken genauso geht, habe ich noch nie betrachtet, aber ja, das passt leider auch.«

»Ein sehr schönes Beispiel und ja, eine schwere mentale Last kann unerträglich werden. Dabei ist es unnötig, die belastenden Gedanken andauernd überallhin mitzunehmen.«

»Einverstanden, wollen wir meinen Rucksack zusammen auspacken und alles, was nicht mehr dazugehört, ausleeren? Aber wie?«

»Über die Vergebung. Wenn wir uns wahrhaftig mit der Vergangenheit versöhnt haben, erst dann können wir das Jetzt genießen und die Zukunft positiv gestalten.«

»Was genau bedeutet, sich wahrhaftig mit der Vergangenheit zu versöhnen? Eigentlich habe ich das schon, glaube ich.«

»Das bedeutet, sich nicht nur mit dem Kopf mit der Vergangenheit zu versöhnen, sondern viel mehr emotional.«

»Woran merke ich, dass ich mich emotional noch nicht versöhnt habe? Das ist noch nicht greifbar für mich.«

»Manchmal sagen wir etwas mit dem Kopf, aber die Emotionen kochen noch. Mit anderen Worten, wenn wir zurückschauen und die Erlebnisse zwar da sind, die Emotionen dazu aber neutral, dann ist die Heilung geschehen.«
»Eine sehr schöne Vorstellung ist das.«
»Wichtig ist, dass es keineswegs darum geht, die Vergangenheit zu verdrängen versuchen, weil das, wenn überhaupt, nur auf eine bestimmte Zeit funktioniert. Die Gefühle, die wir zu verdrängen, wollen so oder so raus und kommen auch raus, allerdings auf einem anderen Weg. Zum Beispiel über die Haut. Das bedeutet, dass die Erkrankungen, die wir an der Haut sehen können, uns auf Störungen im Inneren hinweisen. Aus eigener Erfahrung weiß ich zum Beispiel, dass Erkrankungen der Lunge und der Haut mit einer intensiven Diagnostik des Darms einhergehen sollten. Ich litt jahrelang unter Allergien und Lebensmittelunverträglichkeiten. Die Schulmedizin konnte mir leider trotz der jährlichen Versuche nicht helfen und eines Tages habe ich die Organuhr für mich entdeckt.«
»Stimmt, das haben Sie neulich erwähnt, als ich Ihnen von meinem neuen Hautproblem erzählt habe.«
»Ich erinnere mich. Manchmal können uns auch lokale Symptome wertvolle Hinweise geben. Wie eine trockene und juckende Haut am Mittelfinger (⇨ Emotion: Ärger ⇨ Organ: Leber) oder (Ringfinger ⇨ Emotion: Trauer ⇨ Organ: Lunge). Dazu kommt noch die Müdigkeit, von der Sie sehr oft berichten. Der Schmerz der Leber ist die Müdigkeit.«
Ich schaue mir meine Finger an und mache mir eine entsprechende Notiz, um später im Internet recherchieren zu können. Das ist interessant, dass auch hier die Emotionen so eine Rolle spielen.
»Steht die Leber nicht für die Entgiftung?«
»Ganz genau!«

»Dann zeigt sogar mein Körper über eine sehr sichtbare Sprache, was bei mir dringend dran ist: Entgiftung in jedem Sinn.«

»Auch körperliche Entgiftung hat mit der mentalen Entgiftung und Vergebung etwas zu tun. Ich gebe Ihnen, wenn Sie möchten, ein Dokument mit, welches ich damals für mich recherchiert und erstellt habe, darüber, was Leber und Lunge nicht guttut und was im Gegenzug sehr gut ist. Das betrifft die körperliche Entgiftung, mental arbeiten wir zusammen.«

»Sehr gerne, damit möchte ich mich ab jetzt auch beschäftigen. Ich erkenne Schritt für Schritt, wie wichtig unsere Gedanken tatsächlich sind und welchen Schaden wir dadurch anrichten können.«

»Ja, sehr gut erkannt. Und auch, welche Heilung dank unseren Gedanken möglich ist. Nicht nur der Schaden, sondern auch die Heilung haben wir unter anderem den Gedanken zu verdanken.«

»Wissen Sie, in letzter Zeit mache ich mir viele Gedanken darüber, dass die Liebe unseres Partners oder unserer Partnerin unsere eigene Liebe zu uns selbst nicht ersetzen kann. Und auch wenn ich mir manchmal das Gegenteil gewünscht hätte oder auch immer noch wünsche, weil es einfacher für mich wäre, macht das immer mehr Sinn.«

»Glauben Sie, dass unser Leben einfacher wäre, wenn die Liebe unserer Partner die fehlende Liebe in uns selbst ersetzen könnte?«

»Mit den Erkenntnissen von neulich: nein, das macht uns nur abhängig. Wieso habe ich das früher nicht gewusst?«

»Die in uns fehlende Liebe durch die Liebe eines Partners ersetzen zu wollen, führt oft dazu, dass unsere Partnerschaften und Ehen zerbrechen. Da meldet sich wieder das Kind in uns, das in den ersten Jahren auf die Liebe von den Eltern angewiesen war und von deren Aufmerksamkeit abhängig war. Das

Kind in uns übernimmt die Steuerung und bestimmt unser Verhalten so lange, bis wir selbst die innere Elternrolle für das Kind übernehmen und auf diese Weise innerlich erwachsen werden.«

»Was genau passiert, wenn wir das nicht tun? Welche Auswirkungen hat es im privaten und beruflichen Leben?«

»Dann erhoffen und erwarten wir uns von den anderen, dass sie uns das geben, was uns selbst innerlich fehlt: Aufmerksamkeit, Wertschätzung, Liebe, Trost, Lob und so weiter.«

»Ja, ich wurde schon sehr oft enttäuscht. Mittlerweile glaube ich, dass noch nicht mal eine Traumpartnerin die in mir fehlende Liebe dauerhaft ersetzen kann. Denn praktisch brauchen wir auch keinen Partner, um glücklich zu werden, richtig?«

»Nein, den brauchen wir nicht. Welches Gefühl erzeugt diese Erkenntnis für Sie?«

»Ein beruhigendes. Es ist ein sehr beruhigendes Gefühl, nicht mehr im Außen nach dem persönlichen Glück suchen zu müssen. Hier sage ich bewusst ›müssen‹, weil sich die permanente Suche genau so angefühlt hat.«

»Und noch etwas Wichtiges: Gerade sagten Sie, dass wir keinen Partner brauchen, um glücklich zu werden.«

»Ja, ich erinnere mich. Weshalb?«

»Wo genau auf ihrer persönlichen Timeline ordnen Sie ›werden‹ ein?«

»Hm. In der Zukunft?«

»Genau, wie können wir diesen Satz verändern, damit er noch stimmiger ist?«

»Kein ›brauchen‹ ..., okay, das hatten wir gerade und da Sie Ihre Frage so gestellt haben ... Meinen Sie vielleicht: ›... glücklich zu sein‹?«

»Volltreffer! Mit dem Wort ›werden‹ verschieben wir unser Glück in die Zukunft, glücklich sein ist jetzt, in diesem Moment, nicht wahr?«
»Wow, was so eine Kleinigkeit ausmachen kann.«
»Und noch etwas: Wenn wir für die Liebe einen anderen Menschen ›brauchen‹, ziehen wir ähnliche Menschen beziehungsweise Menschen mit ähnlichen Baustellen an, die auch uns attraktiv finden. Solange wir brauchen, sind wir bedürftig, und Sie können sich vorstellen, was passiert, wenn zwei Bedürftige sich in einer Partnerschaft zusammentun.«
»Beide werden hungrig nach Liebe von außen sein und diese fordern, vermute ich?«
»Ganz genau. Im Grunde treffen wir nie auf den falschen Partner, auch wenn unser Kopf das glauben mag. Unsere kritischen Beziehungen mit anderen Menschen zeigen uns unsere eigenen Baustellen auf, ob wir es so sehen wollen oder nicht.«
»Sie meinen, so wie richtig wertvolle Geschenke, deren Wert wir manchmal Ewigkeiten später oder auch nie entdecken?«
»Ich mag die Art, wie Sie denken. Haben Sie so ein Geschenk bereits bekommen?«
»Ja, ich erinnere mich oft an eine Szene aus der Kindheit, als meine Oma mir zum Geburtstag ein Buch geschenkt hat. Was ich damals sehr blöd fand und deshalb enttäuscht war. Jahrelang hat das Buch mich dennoch begleitet und die Erinnerung, wie wir zusammen das Buch gelesen haben, war eine der schönsten meiner Kindheit. Im Grunde genommen hat die Oma mir nicht nur das Buch geschenkt, sondern ihre gemeinsame Zeit mit mir. Diese Zeit war unvergesslich. Ich habe das erst vor Kurzem verstanden. Und vielleicht ging es ihr gar nicht um das Buch, sondern tatsächlich um die Möglichkeit, etwas zusammen zu machen?«
»Vielleicht, wer weiß?«

16.
Wie Glaubenssätze und Verhaltensmuster aus der Kindheit ein Leben lang wirken

»Ich habe mir gestern meine Notizen angeschaut und eine hat mich nachdenklich gemacht. Sie haben das irgendwann mal gesagt, es ging um Toleranz: Toleranz bedeutet nicht, dass ich die Meinung anderer akzeptieren muss, Toleranz bedeutet, dass ich akzeptiere, dass der andere eine andere Meinung hat.‹ Mit den Themen Toleranz und Akzeptanz habe ich lange genug gekämpft und nun verstehe ich, dass diese Aussage auch in Sachen Liebe passt. Ich meine, auch hier kann ich Toleranz gegen Liebe ›tauschen‹ mit einem treffenden Ergebnis: Liebe bedeutet nicht, dass ich die Meinung anderer akzeptieren muss, Liebe bedeutet, dass ich akzeptiere, dass der andere eine andere Meinung hat. Ich denke dabei an Fiona, unsere Meinungsverschiedenheiten und letztendlich denke ich an mich selbst. Liege ich hier richtig? Was meinen Sie?«

»Darf ich nachhaken, was Sie genau meinen?«

»Ich meine, dass Fiona und ich unterschiedliche Meinungen haben können. Es fällt mir meistens nicht leicht, das zu akzeptieren, wobei ich manchmal auch selbst nicht richtig liege. Und trotzdem kann ich sie lieben.«

»Jetzt verstehe ich und ja, richtig. Respekt, Achtung, Akzeptanz sind wichtige Säulen der Liebe und sie können nur bei uns selbst anfangen. Wenn wir lernen, uns selbst anzunehmen, zu akzeptieren und so zu lieben, wie wir sind, dann können wir auch andere Menschen so akzeptieren, wie diese sind. Sie haben vorhin gesagt, dass Sie ›lange genug gekämpft haben um die Themen Toleranz und Akzeptanz‹ … Wie hat sich der Kampf angefühlt?«

»Ehrlich gesagt, der Kampf hat mir viel Energie geraubt. Ich fühlte mich oft einfach ausgelaugt und leer.«

»Verstehe, was würden Sie aus der Perspektive und mit den Erfahrungen von heute eventuell anders machen?«

»Ich glaube, nicht mehr kämpfen, denn der Kampf hat meinen inneren Frieden zerstört. Vielleicht ist es ähnlich wie um den Frieden mit Waffen zu kämpfen? Irgendwie widerspricht sich das Konzept. Was würde ich stattdessen machen? Mich anpassen klingt nicht sehr zufriedenstellend.«

»In Ordnung, wie klingt das oder fühlt sich das für Sie besser an?«

»Schwer, mich anzupassen gefällt mir nicht.«

»Vielleicht wäre eine gute Alternative: anzunehmen?«

»Ja, das macht wieder Sinn. Was sind eigentlich Glaubenssätze beziehungsweise wie entstehen sie?«

»Glaubenssätze und Verhaltensmuster sind ein Produkt der Kindheit, denn genau dort entstehen sie. Dann verfestigen sie sich im Laufe der Jahre und solange wie sie nicht hinterfragen oder überprüfen, dominieren sie unser Leben, für uns meistens unbewusst.«

»Das interessiert mich sehr. Wollen wir bitte ein Beispiel nehmen?«

»Gerne, geben Sie mir einen Satz, den Sie schon lange kennen, bitte.«

»›Sei vernünftig und stell dich nicht so an. Sei doch bitte wie die anderen – brav und lieb.‹ Im Zusammenhang mit meiner Kreativität und dem Willen, auf mich aufmerksam zu machen. Als Kind habe ich oft gehört, dass ich störe.«

»Von wem genau haben Sie das gehört?«

»Von Lehrern an der Schule, die mich an die Eltern, meistens meine Mutter, verraten haben, und von ihr habe ich den Satz auch gehört. Das hat immer wehgetan, nicht verstanden zu sein, nicht akzeptiert zu sein ...«

»Unsere Eltern haben ihr Bestes gegeben, auch wenn wir es oft erst viel später verstehen werden.«

»Vielleicht, aber die Kinder zu kritisieren ... Ist das nicht ein Zeichen, dass sie mich nicht so akzeptiert haben, wie ich damals war?«

»Okay, anders ... Kommt Ihnen dieses Verhalten selbst manchmal bekannt vor?«

»Bei mir selbst, meinen Sie?«

»Ja, genau.«

»Lassen Sie mich mal überlegen. Ja, letztens hatte ich ein Gespräch mit David. Er erzählte, dass seine Lehrerin seine Lösung nicht akzeptiert hat, weil es eine andere war, als sie in der Schule gelernt haben. Somit war die Lösung falsch, wobei das Ergebnis doch irgendwie stimmte. Fiona hatte mit ihr einen Termin und die Lehrerin ist sauer geworden und hartnäckig geblieben. Die Diplomatie hat leider nicht gewirkt, David hat eine schlechte Note und noch mehr Ärger bekommen. Unglaublich ignorant, was an Schulen passiert. Am Ende gab es viel Aufregung, Tränen und er hat mir so leidgetan. Vielleicht, weil er mich an mich selbst damals erinnert hat. Diese Hilflosigkeit, weil, egal was ist, der Lehrer immer recht hat. So etwas Ähnliches habe ich ihm auch gesagt, nach dem Motto: Lerne bitte genau das, was im Buch steht, dann hast du deine Ruhe und gute Noten.«

»Also, sei brav und lieb und passe dich an?«

»Ja, leider.«

»Was war Ihre positive Absicht bei der Sache?«

»Ich wollte ihm ganz klar viel Ärger ersparen, weil ich ihn liebe. Wie Sie es einmal gesagt haben: Sei schlau, um immer eine Meinung zu haben, und sei weise, diese manchmal für dich zu behalten.«

»Aus welcher Absicht haben Sie so gehandelt?«

»Spontan – Liebe. Wir Erwachsenen haben doch viel mehr Erfahrung und wollen nur das Beste für unsere Kinder, oder?«

»Natürlich, und ist es möglich, dass Ihre Eltern damals genau solche Absichten hatten?«

»So habe ich es noch nie betrachtet, aber ja!« Wie interessant, dass wir tatsächlich genauso sind wie die Menschen, die wir kritisieren, nur leider wird es uns viel zu oft gar nicht bewusst oder wir kommen mit »Ja, aber, bei mir ist es etwas ganz anderes ...«-Ausreden. »Wieso entwickeln wir in der Kindheit solche Verhaltensmuster und leben sie den Rest unserer Zeit weiter, wenn man bedenkt, dass sie uns enorm stören?«

»Es geht um ein natürliches Bedürfnis, geliebt zu werden, die Kinder wollen ihre Eltern glücklich machen und passen sich an. Stück für Stück verlieren sie ihre eigene Identität. Wir täuschen uns selbst, denn die Eltern werden nicht unbedingt glücklicher und wir selbst leider auch nicht. Wenn nur die Eltern es schaffen könnten, ihren Kindern in allen Situationen zu vermitteln, dass sie liebenswert sind und genau so, wie sie sind, richtig sind, wäre die ganze Welt eine bessere.«

»Wie können die Eltern die Kette von selbst verletzten Menschen, die auch die anderen Menschen verletzen, unterbrechen? Ist dies denn überhaupt möglich?«

»Ja, das ist möglich, und wie? Indem sie in diesem Moment, wenn uns diese Erkenntnis bewusst wird, bei sich selbst anfangen und nicht eine schnelle Lösung bei Kindertherapeuten suchen, ohne selbst bereit zu sein, sich zu verändern.«

»Es ist Wahnsinn, wie viele Kinder heutzutage in Therapien sind. Fiona erzählt mir das immer wieder. Das bedeutet auch, dass wir mit allen Mitteln, ob Psychopharmaka oder Psychotherapie, versuchen, die Probleme unserer Kinder an andere abzugeben?«

»So kann man das auch sagen, wir machen die anderen für unsere eigene Aufgabe verantwortlich. Ist das Kind trotzdem nicht brav, ist der Therapeut schuld ...«

»Autsch, ja. das hat mir Fiona auch schon ein paar Mal gesagt. Sie erwähnen immer wieder die Puzzleteile, die wir hier in unseren Gesprächen zusammenbringen, und mit jeder Sitzung verstehe ich immer mehr, was das bedeutet.«
Sie lächelt und sagt: »Was nehmen Sie heute aus unserer Sitzung mit?«
»Dass wir von unseren Prägungen aus der Kindheit gesteuert sind, ob es uns bewusst ist oder nicht. Sie wirken sich täglich in unseren Beziehungen zu anderen Menschen aus und auch zu uns selbst, was viel schlimmer ist. Und dass wir jederzeit diese Kette unterbrechen können, wenn wir mutig genug sind, an unseren Themen zu arbeiten, anstatt die Verantwortung für alles, was nicht optimal läuft, an andere abzuschieben. Was gut läuft, ist selbstverständlich unser eigenes Verdienst. Wie kindisch eigentlich … ›Sei brav, sei doch bitte wie die anderen …‹ ist der Satz, der mich schon lange begleitet. War ich brav und angepasst? Oh ja, leider. Ich habe lange versucht, mich ganz brav anzupassen, wo ich die Vorteile für mich erkannt habe. Ich habe mich ›verkauft‹, um zu gefallen. Meiner Karriere hat es gutgetan, meiner Seele nicht.«

17.
Woher kommen die Gefühle?

Was mich im Moment beschäftigt, ist die Frage, wo Gefühle herkommen. Manchmal ist der Tag richtig gut und dann passiert etwas und auf einmal sind sie da ..., die miesen Gefühle, die die Freude verderben. Sind das die Trigger, Prägungen, welche eine Rolle spielen, und die wichtigste Frage ist: »Wie kann ich die belastenden Gefühle abschalten beziehungsweise können Sie diese Gefühle in mir löschen?«

»Wenn ich ehrlich bin, löschen würde ich das nicht nennen, denn ansonsten würden wir theoretisch auch die Erfahrungen oder Erinnerungen löschen. Keine schöne Vorstellung, oder?«

»Stimmt, im Moment komme ich nicht darauf, welches Wort hier passender wäre?«

»Ich schlage vor: neutralisieren. Dabei bleiben die Erinnerungen, aber das Geschehene fühlt sich anders an. Ist das eine gute Lösung?«

»Wenn das möglich ist, absolut!«

»Wenn andere, wie Sie sagen, Gefühle in uns triggern, welche Rolle spielen sie für unsere Stimmung?«

»Diese Menschen sind schuldig? Nein, bestimmt falsch. Okay, nächster Versuch – sie sind für unsere miesen Gefühle verantwortlich. Das passt.«

»Das klingt sehr einfach und auch wenn wir so gerne die anderen für unsere Gefühle verantwortlich machen oder ihnen die Schuld daran geben und uns es so klar erscheint, dass unser Partner/unsere Partnerin, der Vorgesetzte, die Kollegen, Eltern oder Kinder in uns diese negativen Gefühle verursachen, ist dem nicht so. Diese Menschen lösen in uns nur die Gefühle aus, die bereits da sind, sie bringen sie an die Oberfläche. Das sind die Gefühle, die wir als Kinder durch unsere Gedanken erschaffen haben.«

»Unsere Gedanken?«

»Ja, unsere abwertenden, selbst kreierten und verurteilenden Gedanken erzeugten negative und ziemlich unangenehme und schmerzhafte Gefühle wie Wut, Angst, Schuld, Ohnmacht und so weiter.
Erkennen wir die Zusammenhänge heute und arbeiten daran, geschieht die Heilung. Versuchen wir diese abzulehnen, zu bekämpfen, zu verdrängen, manifestieren sie sich und werden früher oder später zu Symptomen, die wiederum ernsthafte Krankheiten verursachen.«
»Das heißt für mich zum Verständnis, meine Gedanken, die auf dem basieren, was ich schlichtweg glaube, werden zu meiner Realität und erschaffen in mir negative Emotionen?«
»Ja, allerdings nicht nur negative, sondern auch positive Emotionen entstehen so ähnlich.«
»Klingt nachvollziehbar. Ich habe ein Beispiel, wollen wir uns dieses zusammen anschauen?«
»Sehr gerne. Um welchen Glaubenssatz handelt es sich?«
»Ich muss liefern/performen, damit ich gut bei anderen ankomme, und andererseits: Ich kann das nicht.«
»Okay, wie fühlen Sie sich, wenn Sie sich diese Sätze suggerieren?«
»Ha, suggerieren, das haben Sie treffend gesagt. Erstens die Angst, doch nicht gut genug zu sein und dass die anderen die Wahrheit erkennen könnten, und als Zweites die Traurigkeit, dass ich doch nichts kann, und die Wut auf die anderen und mich selbst, dass es nicht immer so läuft, wie ich es mir vorstelle.«
»Stimmen die Glaubenssätze überhaupt (noch)?«
»Wahrscheinlich schon, denn sonst würde ich sie mir nicht sagen, oder?«
»Okay, dann schauen wir uns mal den Satz: ›Ich kann das nicht‹ an. Was genau können Sie nicht?«

»Manchmal habe ich den Eindruck, dass ich nichts kann, und sei es auch nur eine Kleinigkeit.«
»Beziehen sie die Aussage ›dass ich nichts kann‹ gerade auf ihren Beruf?«
»Ja, genau. Ich würde gerne vieles selbst machen, weil ich mir dann sicher sein könnte, dass die Ergebnisse mehr oder weniger stimmen.«
»›Sicher ... mehr oder weniger ...‹ Wie passt das zusammen?«
»Witzig, gar nicht.«
»Okay, was wäre, wenn Sie nicht alles selbst machen würden?«
»Dann würde ich die Aufgaben delegieren und mich auf die anderen verlassen ... müssen, hätte ich beinahe gesagt. Im Grunde genommen delegiere ich die Aufgaben auch, in einem großen Konzern geht es auch nicht anders.«
»Gut, und wie sehen die Ergebnisse aus? Können Sie sich auf Ihre Kollegen verlassen?«
»Ja, wir sind im Großen und Ganzen ein gutes Team. Trotzdem sind meine Erwartungen hoch und es passiert immer wieder, dass ich die Nerven verliere. Fiona sagt dazu: ohne Grund, denn es läuft ... immer. So bin ich eben, mein eigener Anspruch ist eben hoch.«
»Anspruch an wen?«
»Kollegen, Mitarbeiter.«
»Wie sieht es mit Ihnen selbst aus?«
»Der Anspruch an mich selbst? Sehr hoch, ich stehe permanent unter Strom. Ich kann nicht anders.«
»Die Krankheit hat Sie aus der Bahn geworfen. Standen Sie trotzdem permanent unter Strom?«
»Nein, stimmt. Sie haben mich erwischt, ich rede wieder in der Gegenwart, wobei richtiger doch die Vergangenheit wäre. Und ich spüre wieder Frust und Traurigkeit in mir.«

»Interessant, wie Sie eben ›Sie haben mich erwischt‹ sagten, wobei, wer hat wen erwischt?«
»Ich mich selbst? Das ist wahr, Entschuldigung.«
»Alles gut, es gibt keinen Grund, sich zu entschuldigen. Sie lernen gerade, Ihre eigenen Gedanken zu hinterfragen, und dabei erkennen Sie die Schwachstellen, wenn ich das so sagen darf.«
»Das tut gut.«
»Wir gehen zurück zu dem Satz ›Ich kann nicht anders.‹ Stimmt der Satz?«
»Wieder erwischt, nein. Der stimmt nicht, ich kann wohl anders, wenn ich will.«
»Merken Sie gerade, wie machtvoll und manchmal irreführend unsere Gedanken sind?«
»Schrecklich!«
»Ich sehe es anders. Die Gedanken können auch heilsam sein. Wir haben die Wahl, was wir denken, wenn wir uns bewusst Gedanken über unsere Gedanken machen.«
»Auch wieder wahr. Das bedeutet, dass wir uns bewusst dafür entscheiden, uns zu ärgern?«
»Irgendwo habe ich eine Studie gelesen, dass die ersten fünfzehn Sekunden Ärger Reflex sind, und danach entscheiden wir uns sozusagen bewusst (oft ist es uns aber unbewusst), uns weiter zu ärgern. Und damit vergiften wir uns selbst.«
»Okay, verstehe ich richtig, dass es erst mal ein Ereignis gibt, danach kommen unsere Gedanken/Bewertungen dazu und erst danach entsteht ein Gefühl?«
»Ganz genau. Ändern wir unsere Gedanken, ändern sich auch die Gefühle. Wir haben bereits mehrmals über das Thema Vergebung gesprochen. Uns selbst zu vergeben bedeutet was für Sie?«

»Die Gedanken neu zu bewerten und neu über mich selbst zu denken?«
»Wunderbar, so ist es.«
»Meine heutigen Erkenntnisse sind so wohltuend.« Dabei beobachtet sie mich und holt eine Postkarte aus der Schublade heraus. Darauf steht: ›Vergeben ..., mir selbst ... Eines Tages wirst du dir selbst dafür danken, dass du nicht aufgegeben hast ...‹«, und dabei sehe ich den kleinen Jan, der mich anlächelt. Gedanklich umarme ich ihn und ein warmes, angehendes Glücksgefühl breitet sich in meiner Brust aus ...
»Wissen Sie, meine Beispiel-Glaubenssätze, die ich mir immer wieder suggeriert habe, stimmen so etwas von gar nicht. Sie haben auch nie gestimmt. ›Ich kann nichts.‹ Was für ein Schwachsinn. Oder auch der, dass ich ›liefern muss, um bei anderen gut anzukommen‹. Wobei, der hier könnte sogar stimmen. Nur, was ich gerade verstanden habe, ist, dass ich mich selbst sehr stark unter Druck gesetzt habe. Das Leben anderer Menschen und auch mein eigenes habe ich fast zerstört oder teilweise sehr schwer gemacht. Kein Wunder, dass die Mitarbeiter mich nur kritisieren. Und da war noch etwas in letzter Zeit: ›Keiner kümmert sich um mich.‹ Auch dieser hier stimmt nicht. Fiona ist wohl für mich da und die Kids freuen sich auch. Im Krankenhaus waren die Kinder nicht, aber das habe ich auch selbst nicht gewollt.«

Und da ist er wieder ... Der kleine Jan sitzt verdutzt in der Ecke und schaut irgendwie verloren aus. Ich merke gerade, dass ich ihn mit meinen Lieblingsglaubenssätzen unbewusst schon wieder ›aktiviert‹ habe. Ich nehme ihn auf den Schoß und sage: »Alles gut. Ich bin bei dir. Du bist sicher, geborgen und geschützt. Wir schaffen das zusammen!« Sein Blick geht wie ins Herz. Genau das tut mir gut: diese Geborgenheit und

Wärme, die ich mitten in meiner Brust gerade verspüre. Der Druck und die Spannung sind wie gelöst ... Sind sie wirklich selbst gemacht? Jahrelang habe ich sie erschaffen, verstärkt und immer wieder aktiviert. Alles dank der Gedanken. Manchmal hatte ich das Gefühl, dass ich sie, meine Gedanken, kaum aushalten kann. Meine Seele schickte mir Botschaften, nur, anstatt sie anzunehmen, bin ich lieber vor mir selbst geflüchtet. Mein Denken und Verhalten zu ändern, hatte ich mir gar nicht als Option vorgestellt.

»Ja, das ist eine wunderbare Erkenntnis. So ist es, wenn wir uns bewusst entscheiden, uns Gedanken über unsere Gedanken zu machen, und wenn wir anfangen, zu lernen, neu über uns zu denken, geben wir dem Leben eine neue Richtung und kreieren ein neues Selbstbild. Somit neutralisieren wir Schritt für Schritt die schmerzhaften Erinnerungen, ohne sie zu löschen, wie wir vorhin besprochen haben.«

»Haben Sie einen Satz, der mich dabei unterstützen kann?«

»Mir persönlich helfen diese sehr gut: ›In meinem Leben bis jetzt habe ich das Beste getan. Das Beste, was ich wusste und konnte. Heute weiß ich mehr und handele anders. Mit jeder Erkenntnis lerne ich, liebevoll mit mir umzugehen und mir selbst zu vergeben. Auch dafür, dass ich es früher nicht besser wusste.‹«

»In meinem Kopf kreist der Satz: ›Eines Tages wirst du dir dafür danken, dass du nicht zu früh aufgegeben hast.‹ Mich selbst habe ich nicht aufgegeben und ich fühle mich gerade so viel leichter und entspannter. Das ist wie Wellness für die Seele.«

»Es freut mich sehr, dass es Ihnen besser geht und dass das Funkeln in Ihren Augen wieder da ist.«

»So fühle ich mich, voller Energie, Leichtigkeit und Liebe. Hatte ich mir vor ein paar Wochen kaum vorstellen können. War das die Übung für die Vergebung? Bleibt die Leichtigkeit für immer da? Das wäre schön.«
»Vergebung ist in der Regel eine Zusammensetzung unterschiedlicher Schritte und es ist ein Prozess. Die schmerzhaften Überzeugungen haben wir oft lebenslang gesammelt und verfestigt.«
»Ich vermute, Sie meinen damit, dass ich mich in Geduld üben soll?«
»Ja, das meine ich. Es ist möglich, dass wir uns mitten in diesem Prozess ertappen. Von jetzt an ist es Ihre bewusste Entscheidung, sich weiterhin zu verurteilen oder geduldig und liebevoll mit den abwertenden Gedanken umzugehen. Damit meine ich, seine Absicht zu hinterfragen und sich genau das zu geben, was wir in dem Moment wirklich brauchen – Liebe, Verständnis und so weiter.«
»Ich kann mir auch vorstellen, dass die Arbeit immer leichter wird, wenn ich in Übung bin. Das merke ich im Moment bereits. Ich traue mich immer mehr, mir die Themen anzuschauen, die früher tabu waren.«
»Tabu?«
»Ja, weil sie sich schmerzhaft angefühlt haben. Zumindest die Vorstellung davon.«
»Das haben Sie auch wunderbar erkannt: Die Vorstellung von etwas ist meist schlimmer und schmerzhafter als das Ereignis oder die Realität selbst. Besonders, wenn wir eine professionelle Begleitung dabei haben.«
»Da haben Sie recht. Früher habe ich Coaching für Schwachsinn gehalten und heute bin ich glücklich, dass ich mich Ihnen mit meinen privaten Themen anvertraut habe. Ich stelle mir das so vor, dass die einzelnen Erfolge in Sachen Vergebung

so ähnlich sind wie die einzelnen Fortschritte im Fitnessbereich. Jedoch, je mehr ich übe, desto mehr Spaß habe ich an der Sache.«

»Eine sehr schöne Metapher. Den Frieden mit den Gedanken im Kopf zu schließen und auch den Frieden mit uns selbst, das ist wie eine sanfte Reise zu sich selbst.«

»Am Ende möchte ich heute noch etwas mit Ihnen teilen: Es geht um die Angst. Damit habe ich mich die letzten Wochen sehr viel beschäftigt und endlich begriffen, dass dies die Emotion, die Ursache oder der Hintergrund für viele andere nicht so schöne Gefühle ist. Dabei ist es fast egal, ob es um Hass, Wut oder Neid geht. Meine Wutattacken waren lediglich Ausdruck der Angst vor Mangel, zum Beispiel.«

»Welchen Mangel meinen Sie genau?«

»Danke für diese Frage, ich habe mich wieder nicht getraut das zu sagen, was ich festgestellt habe: Mangel an Liebe und Angst vor Ablehnung. Meine Aggressionen waren ein Hilfeschrei des Kindes in mir nach Liebe ... von außen. Das war mir früher nicht bewusst, auch besonders nicht, dass nur ich mir selbst diese Liebe geben kann. Wie Sie mir ganz am Anfang gesagt haben, geht es um die Angst vor unserer eigenen Irrelevanz. Diesen Satz habe ich mir damals aufgeschrieben und immer wieder angeschaut. Ja, so ist das.«

18.
Die Angst und die Macht unserer Gedanken

»Beim letzten Mal haben wir das Thema Angst wieder angesprochen. Irgendwie lässt mich die Angst nicht los. Vielleicht klingt das seltsam, aber ich habe Angst, rückfällig zu werden, wenn Sie verstehen, was ich meine. Ich glaube zwar, dass ich auf einem guten Weg in meiner Entwicklung bin, aber bleibt meine aktuelle ›Zufriedenheit‹ nachhaltig da? Ich bin immer noch besorgt, und ehrlich gesagt stelle ich mir manchmal Horrorszenarien vor. Wie kann ich bloß das Kopfkino ausschalten?«

»Möchten Sie mir ein Beispiel geben?«

»Angst, krank zu werden – ob ich selbst oder jemand in der Familie –, und dass derjenige daran stirbt.«

»Vielen Dank. Es geht um unsere Aufmerksamkeit. Wenn ich sie auf etwas, zum Beispiel eine schwere Erkrankung, richte, dann suche ich danach und logischerweise finde ich genug Material dazu. Das ist ein bisschen wie bei Paaren, die gerade erfahren haben, dass die Frau schwanger ist, und auf einmal sehen sie überall lauter schwangere Frauen. Heißt das, dass jetzt alle Frauen schwanger sind? So kommt es uns manchmal vor, in der Realität ist es aber nicht so. Das bedeutet, dass wir selbst bewusst entscheiden können, worauf wir unseren Fokus richten: auf ein normales Leben oder Horrorszenarien in Bezug auf Krankheiten.

»Das ist leicht gesagt. Die Angst kann ich ja schlecht wegreden.«

»Da stimme ich Ihnen zu. Diese Angst existiert nur in unseren Gedanken und sie ist auf eine gedankliche Vorstellung in der Zukunft (!) ausgerichtet. (Es ist anders in akuten Situationen wie einem Anschlag, bei dem man selbst mittendrin ist – also bei akuter Angst im Hier und Jetzt.) Die Medien sind voll von Schlagzeilen wie: ›Die zehn Warnsignale Ihres Körpers‹ oder ›Darauf müssen Sie unbedingt achten und sofort zum Arzt gehen‹.«

»Entschuldigung, Sie meinen damit, dass man gar nicht zum Arzt gehen soll?«
»Ich meine lediglich unsere Aufmerksamkeit: Kein Arzt oder Therapeut verschreibt mir einen gesunden Lebensstil auf Rezept, der mit der Ernährung anfängt, von positiven Gedanken begleitet wird und uns die Fähigkeit lehrt, das zu genießen, was wir haben, und nicht, was wir gerne hätten. Oft lese ich mit Entsetzen Artikel, in denen Pestizide verharmlost werden und gesundheitlich als unbedenklich dargestellt werden und billige Lebensmittel in Ordnung sind. Heute ist es wichtiger denn je, sich des Unterschieds zwischen ›Wissen‹ und ›Meinung‹ bewusst zu sein. Wir können heute am besten lernen, nicht alles zu glauben, was wir denken beziehungsweise was für uns gedacht (!) und uns überall präsentiert wird.«
»Ah, jetzt verstehe ich. Das stimmt, auch ich wollte eine Art Wunderpille vom Arzt, ohne sonst etwas in meinem Leben verändern zu wollen. Die Organuhr, die Sie letztens angesprochen haben ..., sehr interessant, das habe ich danach recherchiert und lerne seitdem meinem Körper besser kennen.«
»Eben, es geht auch hier nicht um Bekämpfung. Solange wir eine feindselige Haltung zu unseren Ängsten haben und lediglich versuchen, diese mit Pillen loszuwerden, können sie sich verwandeln und warten nur darauf, auf einem anderen Wege auf sich aufmerksam zu machen. Zurück zu Ihrer Frage von vorhin: Wenn ich nur nach Symptomen suche und mir Krankheiten suggeriere, finde ich früher oder später auch tatsächlich etwas, was mit mir nicht stimmt. Die Horrorvorstellungen, die immer in der Zukunft zu Hause sind, hindern uns daran, das Leben heute, im Hier und Jetzt, zu genießen.«

»Das macht für mich Sinn. Viele Jahre habe ich mir vorgestellt, dass ich unheilbar krank werden kann und sterbe. Dabei lebe ich immer noch und bin gesund ..., abgesehen von der Lungenentzündung vor Kurzem.«
»So ist das, wir machen uns umsonst Sorgen und ruinieren mental unser Leben im Jetzt, denn wie wir bereits wissen, können wir kaum gleichzeitig glücklich sein und uns Sorgen machen. Unsere Aufmerksamkeit macht unser Leben aus.«
»Ja, Multitasking, da war was. Auch hier lerne ich langsam, dass Multitasking lediglich der Wechsel von einer Aufgabe auf die andere ist und uns meistens reichlich mit Stress beschenkt. Bei all den Erkenntnissen, wie kann ich meine Entwicklung beziehungsweise den Erfolg = Selbstliebe für mich messbar oder greifbar machen?«
»Diese Frage beantworte ich gerne mit einer Gegenfrage, wenn es für Sie in Ordnung ist.«
»Ich liebe Ihre Fragen, also gerne.«
»In welchen Situationen gelingt es Ihnen, ruhig zu bleiben und friedlich mit den eigenen Gedanken umzugehen?«
»Bewusst immer öfter, früher möglicherweise weniger und heute habe ich dank der Übungen und meiner Gedankenanalyse das Gefühl, dass ich auf dem richtigen Weg bin.«
»Wunderbar, und wann oder in welchen Situationen ist Ihre Beziehung zu sich selbst immer noch feindselig?«
»Wenn mir etwas nicht gelingt, nicht sofort gelingt, wie früher ... Ich meine, immer noch nicht, egal wie oft ich das probiere. Wenn ich Angst habe, etwas oder jemanden zu verlieren, und mir gedanklich wieder eine Krise einrede.«
»Okay, in anderen Worten, Sie sind immer noch feindselig zu sich selbst, wenn ...?«

»Wenn ich mich am allermeisten selbst brauche! Wenn kein anderer außer mir selbst mir Liebe geben oder ersetzen kann. Wenn ich innerlich noch Gefühle wie Schuld, Hass, Wut habe und bloß nach außen hin eine großartige Ausstrahlung zeige.«
»Wie geht es Ihnen mit Ihren Antworten?«
»Ich glaube, ich habe selbst meine eigene Frage beantwortet, was für mich bedeutet, dass ich immer mehr begreife, um was es im Leben wirklich geht – meine eigenen Gedanken erschaffen meine Realität und beeinflussen mein Wohlbefinden. Eine Frage habe ich noch, die beschäftigt mich auch und darauf suche ich noch eine Antwort. Manchmal bereue und bedaure ich meine Entscheidungen und überlege mir, was ich anders hätte tun sollen oder, besser gesagt: hätte tun können? Was ist hier passender: sollen oder können?«
»Ich persönlich würde eher bei ›hätte‹ anfangen. Was erzeugen in Ihnen Sätze, die ›hätte, wäre‹ et cetera beinhalten?«
»Sorgen, Leid, Schmerz, Vorwürfe. Solche Sätze versetzen mich sofort in die Situationen in der Vergangenheit und konfrontieren mich mit den falschen Entscheidungen.«
»Wie wäre es, wenn wir heute sagen, dass alle Entscheidungen, die wir jemals getroffen haben, richtig waren … aus der Perspektiv von damals. Zumindest, weil wir es nicht besser wussten und konnten.«
»›Hinterher ist man immer schlauer‹, sagte meine Oma immer.«
»Genau, wenn wir uns rückwirkend unser Leben und die Erfahrungen anschauen, stellen wir oft fest, dass auch sogenannte falsche Erfahrungen einen Sinn hatten oder dass wir uns dadurch am meisten verändert und entwickelt haben.«
»Wenn Sie es so sagen, ja … Als Kind habe ich meine Eltern angelogen, indem ich mache Schulnoten vertuscht habe. Dafür habe ich immer Ärger bekommen … Und da ist er wieder …, der kleine Jan, mitten im Wohnzimmer, auf der Couch. Ängst-

lich und aufgeregt versucht er eine schlechte Note wegzuradieren. Es gelingt ihm nicht, er schämt sich ..., besonders weil das nicht zum ersten Mal passiert ist und er das hätte wissen müssen. War das wirklich die beste Entscheidung?«
»Was war sein Wunsch hinter dem Wusch, die Note verschwinden zu lassen?«
»Angst, schon wieder kritisiert zu werden, und damit nicht geliebt zu werden, denn die Eltern, die ihre Kinder lieben, tun so etwas ihren Kindern nicht an, richtig?«
»Kritisieren Sie manchmal Ihre Kinder, weil die Leistungen aus Ihrer Sicht nicht gut genug sind?«
»Ich finde, dass es etwas anders ist. Manchmal sind meine Kinder einfach faul und ernten die Ergebnisse, die nicht sein müssen.«
»Aus wessen Perspektive ›faul‹?«
»Das ist mit damals nicht vergleichbar, ich habe viel für die Schule getan.«
»Sagt wer?«
»Ich, meine Eltern hatten eine andere Meinung dazu.«
»Aha, vielleicht geht es David und Marie auch so ähnlich? Und auch sie, aus ihrer Perspektive heute, tun das Beste, was sie nur tun können?«
»Wenn ich das so sehe, ja ..., das ist möglich. Und meine Mitarbeiter auch. Schließlich wurde ich dafür selbst heftig kritisiert ..., für die teilweise unmenschliche Art, mit Kollegen so herabwürdigend umzugehen. Es fügt sich alles in meinem Kopf zusammen.«
»Was hätten Sie sich damals von Ihren Eltern in solchen Situationen anders gewünscht?«
»Verständnis und keine Bestrafung. Worauf wollen Sie hinaus? Dass sich meine Kinder dies in Gedanken auch wünschen – Verständnis und Liebe?«

Der kleiner Jan lächelt mich an und wieder entsteht dieses warme und herzliche Gefühl irgendwo bei mir in der Brust. – »Jan, du hast das Beste getan, was du konntest. Manche Aufgaben waren einfach schwer und du hast dich bemüht. Alles gut, ich bin bei dir. Du bist sicher, geborgen und geschützt.« Er umarmt mich, das ist ein unbeschreibliches Gefühl.
»Wir haben immer die Wahl: uns gedanklich immer wieder zu bestrafen für das, was wir meistens nicht mehr verändern können, oder den Frieden mit den Gedanken zu schließen, weil wir es damals nicht besser wussten und aus damaliger Perspektive das Beste getan haben. Wie fühlt sich das für Sie an?«
»Als würde ich mein Verhalten verstehen lernen. Ich erkenne, dass mein inneres Kind heute mein Verhalten gesteuert und dominiert hat. Das kleine ängstliche und wütende Wesen in mir wollte nur auf sich aufmerksam machen, damit meine Seele Frieden findet.«
»Ohne solche Erfahrungen und Erkenntnisse wären wir heute sehr wahrscheinlich nicht dort, wo wir sind. Das sind, sozusagen, die Erfahrungen, die wir gebraucht haben, um den Weg zurück zu uns selbst wiederzufinden.«
»Ehrlich, früher lachte ich immer über das Das-waren-keine-Fehler-nur-Erfahrungen-Geschwurbel, jetzt verstehe ich den Sinn dahinter. Solange ich sie Fehler nenne, empfinde ich den Schmerz. Erfahrung klingt heilsamer und fühlt sich wie ein Geschenk an.«
»Ja, das sind Geschenke, auch die kritischen Beziehungen, die uns einen Spiegel vorhalten. Auch dies sind Geschenke auf dem Weg zurück zu uns selbst.«
»Im Moment lerne ich, liebevoll mit mir selbst umzugehen. Mal gelingt es mir besser, mal weniger. Danke Ihnen für dieses magische Wort ›lernen‹. Ich habe mir kürzlich noch eine Frage aufgeschrieben. Wollen wir sie uns zusammen anschauen?«

»Sehr gerne. Wie lautet Ihre Frage?«
»Wie kann ich den Mangel, der in einem herrscht, erkennen?«
»Wen genau meinen Sie damit?«
»Oh, wieder erwischt! Und dabei hatte ich mich bemüht, die Frage kreativ zu formulieren.«
»Bitte, heraus damit!«, sagt sie lächelnd.
»Was ich eigentlich fragen wollte, ist: Wie können andere Menschen meinen Mangel erkennen? Oder auch, wie kann ich einen Mangel in anderen Menschen erkennen?«
»Geben Sie mir bitte ein Beispiel.«
»Ich brauche Erfolg, um glücklich zu sein. Ich brauche eine Familie, um als Ganzes gesehen zu werden.«
»Okay, wenn ich Ihnen sage, dass hinter jedem Satz in Wirklichkeit ein unerfülltes Bedürfnis steht, welches wäre das?«
»Ich brauche Erfolg, um glücklich zu sein. ⇨ Ich möchte gesehen und wertgeschätzt werden.
Ich brauche eine Familie, um als Ganzes gesehen zu werden. ⇨ Ich möchte geliebt werden.«
»Mit welchen Hilfsmitteln können Sie Ihre Bedürfnisse stillen?«
»Eine sehr gute Frage. Geld und daraus resultierende Geschenke und vielleicht auch Alkohol, um besser abschalten zu können.«
»Theoretisch sind das gute Lösungen, nur machen diese Hilfsmittel abhängig, besonders wenn wir sie auf Dauer brauchen. Schauen wir uns doch lieber gesunde Vorschläge an.«
»Ich bin gespannt und kann mir fast vorstellen, was Sie jetzt sagen werden.«
»Okay, dann fangen Sie bitte an.«
»Ich lerne, mich selbst zu akzeptieren, wie ich bin. Ich klopfe mir selbst auf die Schulter, wenn ich etwas erreicht habe. Ich hebe meine schönen Seiten hervor. Ich nehme mich selbst

wichtig und gebe meinen eigenen Bedürfnissen Raum, dann tun das auch die anderen. Und last, but not least: Ich denke liebevoller über mich selbst.«

19.
Wege, sich selbst zu lieben

»Lassen Sie uns heute die unterschiedlichen Wege, sich selbst zu lieben, noch einmal zusammenfassen.«
»Was bei mir bis jetzt definitiv ankam, ist, dass ich keinen anderen wirklich lieben kann, solange ich mich selbst nicht liebe. Viele Hindernisse sind mir bewusst geworden, sozusagen wie Stolpersteine, die ich mir selbst in den Weg gelegt habe. Ich bin gespannt, was vielleicht noch dazukommt.«
»Was ist die Erkenntnis, die Sie am meisten bewegt hat?«
»Das ist einfach, zumindest theoretisch: mich selbst zu akzeptieren und zu lieben, und zwar jetzt. Damit meine ich wirklich jetzt in diesem Moment und nicht, wenn ich die nächste Karrierestufe erreicht habe oder nur, wenn ich außergewöhnlich gut performt habe, wenn Fiona mir Liebe und Aufmerksamkeit schenkt oder die Kinder lieb sind. Das sind alles Wunschmomente irgendwann in der Zukunft. Somit bin ich unzufrieden mit mir im Jetzt und verschiebe mein Glücksgefühl auf irgendwann später, manchmal auf nie …«
»Das finde ich sehr gut, denn mit sich selbst zufrieden oder auch unzufrieden zu sein, ist nur eine Gewohnheit. Lernen wir, mit uns selbst zufrieden zu sein, können wir die Zeit im Jetzt einfach(er) genießen, und ja, wenn wir lernen, uns selbst zu lieben, erst dann sind wir fähig, auch die anderen zu lieben und sie zu akzeptieren. Andere Menschen können wir nicht ändern, egal wie gerne wir dies machen würden. Dabei vergeuden wir nur unsere wertvolle Zeit und Energie.«
»Das kann ich inzwischen unterschreiben. Wenn ich einen Teil dieser Energie in meine eigene Veränderung investiere, verändern sich interessanterweise auch meine Mitmenschen wie von allein. Nur, was mache ich, wenn sich zum Beispiel ein Mensch partout nicht verändern will und sehr viel meiner Energie kostet?«

»Wir sprechen nicht von einer Veränderung über Nacht, richtig? Wenn wir erwarten, dass die Menschen sich sofort verändern müssen?«
»Ja, genau. Es gibt solche Energieräuber. Die meine ich.«
»Ich kann Ihnen sagen, wie ich persönlich mit solchen Menschen umgehe: Weil ich mich zu lieben gelernt habe, verlasse ich manche Situationen. Nicht, weil diese Menschen für mich nicht wertvoll erscheinen, sondern eher, weil ich es mir selbst wert bin und mein Frieden mir sehr wichtig geworden ist. Ganz ohne Drama und Theater verlasse ich manche Situationen.«
»Betrifft es auch Ihre Familie?«
»Nein, in meiner näheren familiären Umgebung ist es dazu noch nie gekommen. Vielleicht weil ich daran selbst viel gearbeitet habe.«
»Gesunde Ernährung ist auch ein Ausdruck der Selbstliebe.«
»Ja, ich sage gerne: Unser Körper ist der einzige Ort, an dem wir ein Leben lang leben werden. Es lohnt sich, liebevoll damit umzugehen und ihn nicht als Mülleimer zu betrachten, wenn uns lebensmittelähnliche Sachen angeboten werden, voller Chemie und ungesunder Zusatzstoffe. Für mich persönlich war diese Umstellung eine der besten Entscheidungen meines Lebens.«
»Wir arbeiten auch daran und kochen alle zusammen. Als Nächstes sage ich: Spiegelgesetze. Dank all der kritischen Begegnungen in meinem Leben habe ich sehr viel über mich und meine eigenen Baustellen gelernt. Heute lerne ich, diese als Geschenke zu sehen und nicht wie früher davor wegzulaufen.«
»Ich selbst war vor Jahren von der Wirkung fasziniert und bin davon überzeugt, dass es kaum eine bessere Methode in Sachen Persönlichkeitsentwicklung gibt. Wenn wir es so sehen wollen, ist die Welt ein Spiegel, der mir meine Beziehung zu mir und meinem Leben spiegelt. Egal, wo ich hinschauen,

komme ich immer zurück zu mir selbst. Zum Glück, denn nur genau hier, bei mir, kann jede nachhaltige Veränderung stattfinden.«

»In der Tat, am Anfang war ich skeptisch und habe immer wieder meine Ja-aber-Ausreden gesucht, doch die Spiegelgesetze wirken, ob wir es wollen oder nicht. Auf diese Weise habe ich einiges über die Beziehung zu Fiona oder zu meinen Kindern gelernt. Ich denke, dass ich erst am Anfang stehe, aber ich nutze gerne Ihre Abkürzung und frage mich nicht mehr: ›ob‹ ich genauso bin wie die Menschen, die ich kritisiere, sondern ›in welchen Situationen‹ ich genauso bin. Klingt vielleicht komisch, aber immer wieder finde ich die Antworten bei mir selbst. Nämlich mir selbst gegenüber bin ich viel zu oft genauso gemein und verletze mich ständig damit. Damit sind wir schon mal beim nächsten Weg: aufhören, mich selbst zu kritisieren. Oft habe ich mich schlecht gemacht und mir damit mein Leben erschwert. Mag sein, dass ich nicht immer der beste Chef oder Vater oder Ehemann war, aber gut. Ich habe verstanden, dass ich es damals nicht besser wusste und mein Bestes gegeben habe.«

»So ist das. Wir können uns jeden Tag verändern – jeder von uns, egal was in der Vergangenheit war. Es zählen die Erkenntnisse, was wir daraus gezogen haben und wie wir die Veränderungen heute nachhaltig integrieren. Dabei sind ein positives Selbstbild und ein Selbstwertgefühl sehr wichtig. Wenn wir uns nicht gut genug oder minderwertig fühlen, sorgen wir unbewusst dafür, dass unsere Lebensumstände diesem Bild entsprechen. Wir missachten uns mental und psychisch und missbrauchen unseren Körper durch übermäßigen Stress, ungesunde Ernährung, Alkohol, Drogen und so weiter.«

»Leider wahr. Mich hat auch sehr die Idee angesprochen, dass jeder von uns eine einzigartige Rolle zu spielen hat. Solange wir uns kritisieren, lehnen wir diese Hauptrolle ab und versuchen stattdessen lieber eine billige Kopie zu sein. Nicht zu hart zu sich selbst zu sein, ist mein nächster Vorschlag.«
»Wunderbar, geduldig und sanft mit sich selbst umzugehen ist eine langfristige Lehre. Es gelingt uns meistens viel leichter, solange alles gut läuft. Die wirkliche Herausforderung ist, Geduld auszuüben, wenn wir scheitern, Fehler machen, abgelehnt oder verletzt werden. Besonders durch Menschen, denen wir vertraut haben.«
»Dem stimme ich zu. An dieser Stelle habe ich noch einen Weg, mich selbst zu lieben: aufhören, mir selbst Angst zu suggerieren. Wie ich letztens hier bei Ihnen gelernt habe, ist die Angst lediglich eine Vorstellung in der Zukunft, die in den meisten Fällen noch nicht mal eintritt.«
»Ja, sehr gut. Vielleicht ruinieren uns die von Angst getriebenen Gedanken und machen das Leben dadurch schlimmer, als die Realität tatsächlich ist. Wir verderben unser Hier und Heute, indem wir uns immer wieder Horrorszenen in der Zukunft visualisieren. Das ist so, wie wenn wir eine Kleinigkeit nehmen und daraus ein riesiges Monster kreieren. Wir rechnen mit dem Schlimmsten und wundern uns, warum wir so unzufrieden und unglücklich sind. Dabei ist es doch kein Wunder, oder?«
»Nein, nicht wirklich. Im Krankenhaus habe ich mir vorgestellt, dass Fiona mich verlassen hat oder es vorhat, weil sie nicht ständig da war. Was ich dabei ausgeblendet habe, ist, dass sie sich täglich allein um die Familie kümmern musste. Diese Gedanken haben dazu beigetragen, dass ich mich einsam und verlassen gefühlt habe. Das stimmte alles überhaupt nicht. Auch im Job habe ich mir viele Horrorszenarien permanent vorgestellt. Ich habe sie gelebt. Meine Mitarbeiter leider

auch unter meiner Regie. Und was war? Nichts, ich bin immer noch da und alles ist immer noch gut.«
Dabei fällt mir ein, dass es noch eine Strategie gibt – damit die Person im Spiegel zu meinem besten Freund wird, damit wir unterstützend gemeinsam durch das Leben gehen und nicht gegeneinander kämpfen. Das habe ich schon probiert, es hat wirklich sehr gut funktioniert. Beziehungsweise es hat so gut funktioniert, dass ich mich mental beinahe ruiniert habe.«
»Was ist Ihr Eindruck jetzt? Hat sich da was verändert und, wenn ja, was genau?«
»Ja, absolut. Der Ton ist deutlich freundlicher geworden, ich lächle mich an ... Auch in den Momenten, wenn es mir sehr bescheiden geht. Ich lerne, mich dabei zu loben und zu motivieren. Unsere Zusammenarbeit hier wirkt und trägt Früchte. Jeder Spiegel ist ein Anker geworden, es gab Momente, da wollte ich mich früher nicht im Spiegel anschauen, das ist jetzt anders. Der Schlüsselmoment war unser Termin vor ein paar Tagen, als wir uns mit dem Thema Vergebung beschäftigt haben. Wenn die kritische Stimme sich meldet, mache ich den ersten Schritt und warte nicht passiv, was passiert: ›Lass uns reden, was möchtest du mir wirklich sagen?‹, finde ich viel zielführender als meine früheren Versuche, gedanklich zu flüchten. Dabei denke ich an den kleinen Jan und lerne, auch ihm zuzuhören, und dann arbeite ich mit den Sätzen: ›Alles ist gut. Ich bin bei dir. Du bist sicher, geborgen und geschützt. Zusammen schaffen wir es!‹ Und wissen Sie was? Mein sechsjähriges Kind-Ich wird immer souveräner und friedlicher. Ausschlaggebend war die Erkenntnis, dass ich mir heute selbst das geben kann, was ich mir damals und bis vor Kurzem noch von anderen gewünscht und gefordert habe.«
»Was würden Sie rückwirkend für diese Arbeit sagen? Was fiel leicht, was war eher schwerer?«

»Am schwersten war es, mir selbst zu vergeben. Ich war schließlich auch bereits ein Profi darin, mich selbst zu vernichten durch meine zerstörerische Kritik. Nicht nur in meinem Leben habe ich den Schaden angerichtet, und alles, weil ich glaubte, dass die anderen für mein Glück verantwortlich sind. Sie haben mal gesagt, dass wir heute selbst die Eltern für unser inneres Kind sind, wir können uns selbst genau das geben, was wir damals in der Kindheit nicht zu bekommen geglaubt haben. Eine der wertvollsten Erkenntnisse, die ich je in meinem Leben bekommen habe. Das habe ich mir gut im Gedächtnis gespeichert und es wirkt, kann man sagen, Wunder.«

»Das freut mich sehr! Haben Sie noch weitere Beispiele?«

»Ja, ich mache mir viel mehr Gedanken über meine Gedanken und visualisiere positive Resultate. Auch das war für mich relativ neu, denn früher habe ich mir gerne das Schlimmste visualisiert. Ob in der Beziehung oder im Beruf.«

»Was haben Sie dadurch erkannt?«

»Manches, was ich mir schwarzgemalt habe, ist wahr geworden ... Okay, ehrlich gesagt nur das wenigste und das meiste ist nur Vorstellung geblieben. Und weil ich mir so viele Horrorszenarien vorgestellt habe, habe ich mein Leben im Jetzt nicht genießen können. Wie Sie letztens sagten: ›Ich hatte mir jahrelang das Leben schwer gemacht.‹ Und noch ein Satz, welchen ich sehr treffend finde, ist mir ebenfalls im Kopf geblieben: ›Denk dir doch nicht vorher schon alles kaputt.‹ Dieser ist mein ständiger Begleiter, auch im Beruf. Die Mitarbeiter würden sich sicherlich dafür bedanken, denn ein Bedenkenträger als Chef kann ziemlich unerträglich sein. Ich verändere mich ... in erster Linie für mich und meine Veränderungen schaffen Frieden auch in meiner Umgebung. Die ersten Ergebnisse sind bereits spürbar.«

»So ist das. Die Welt verändert sich erst dann, wenn wir uns selbst verändern.«

»Es gibt noch etwas, was mir sehr wichtig geworden ist: Ich lerne, auf meinen Körper zu hören.«

»Unser Körper ist der Spiegel unserer Zweifel und Sorgen, er gibt uns eine Antwort auf Schmerzen und quälende Gedanken und erzählt uns mehr über mögliche Heilungswege, als wir uns vorstellen können. Unser Körper gibt uns immer lautere Signale, was verheerende Folgen für unsere Gesundheit haben kann, wenn wir diese missachten.«

»Ja, die Gefühle zu ignorieren, zu unterdrücken oder durch viel Arbeit, Sport oder Genussmittel zu verdrängen, habe ich lange vergeblich versucht. Heute sage ich: Ich setze mich lieber damit auseinander, denn das bedeutet Befreiung und Frieden statt Kampf und Flucht von der Realität. Ich möchte noch mal auf das Thema Vergebung zurückgreifen. Mir selbst vor dem Spiegel zu vergeben, fand ich sehr wirkungsvoll, und den anderen auf diese Weise zu vergeben, auch. Ich hatte es davor belächelt, aber ja, in der Tat ist diese Arbeit möglich. Warum? Weil ich alles sagen konnte, was ich mich sonst nicht getraut hätte. Damals noch nicht. Und überhaupt habe ich das Thema Vergebung sehr unterschätzt und sogar abgelehnt.«

»Mangelnde Bereitschaft zur Vergebung verschließt die Tür zur Selbstliebe. Ich erlebe oft in der Praxis, dass die Menschen, denen es schwerfällt, sich zu akzeptieren und zu lieben, die Menschen sind, die mangelnde Bereitschaft zur Vergebung zeigen oder den Prozess nur strategisch und theoretisch erleben wollen.«

»Das unterschreibe ich gerne. Vergeben und loslassen hat mich von einer großen Last befreit, als ob ich meinen unnötig schweren Rucksack endlich hätte ablegen können. Ich fühle mich so erleichtert. Was mir dabei sehr geholfen hat, war der

Satz: ›Solange wir nicht vergeben, nicht loslassen, binden wir uns noch fester an die Vergangenheit und hindern uns selbst daran, im Jetzt zu leben.‹«

»Welche Möglichkeiten in der Kommunikation mit dem inneren Kind finden Sie gut und hilfreich?«

»Das Kind erst zu visualisieren fand ich überraschenderweise relativ einfach und die Kommunikation herzustellen, und zwar schriftlich, hat mich verblüfft. Ich nutze, wie wir es mal besprochen haben, zwei Stifte. Notiere mir mit meiner Schreibhand eine Frage, die von mir als Erwachsenem kommt, und nehme dann in die nicht dominierende Hand den anderen Stift und achte auf den unbewussten Impuls und schreibe das auf, was mir in den Sinn kommt. Eine faszinierende Übung. Es kommt tatsächlich das, was ich mir damals als Kind gewünscht habe und nicht bekam.«

»Möchten Sie mir ein paar Beispiele geben?«

»Ja, gerne. ›Umarme mich.‹ ›Bleib einfach so bei mir sitzen und schaue mich an.‹ Wie in der Übung, die wir hier zusammen gemacht haben, achte ich darauf, was ich dabei fühle.«

»Und, was fühlen Sie dabei?«

»Glücksgefühl und Liebe. Manchmal kamen mir die Tränen, weil ich die Absurdität der Wünsche erkannt habe.«

»Absurdität – wie meinen Sie das?«

»Ich glaube zu ahnen, was Sie mit der Frage meinen, und erwische mich wieder. Mit der Absurdität meine ich meine Perspektive heute als Erwachsener und wahrscheinlich meine immer noch bestehenden Ansprüche, dass die Kinder etwas Teures und Besonderes brauchen. Nein, dem ist nicht so. Auweia, ist das alles einfach ..., wenn ich mich nur darauf einlasse.«

»Eine wunderbare Erkenntnis, solange wir lediglich komplexe Lösungen erwarten, suchen wir schließlich danach und übersehen dabei eine Millionen Kleinigkeiten, die wir jetzt sofort umsetzen können.«
»Oh, ja!«
»Hatten Sie als Kind das Gefühl, erwünscht zu sein?«
»Mein Kopf sagt ja, das Gefühl eher na ja …«
»Möchten Sie mit mir mindestens ein Beispiel teilen, damit ich verstehe, was Sie hier meinen?«
»Meine Eltern waren oft nicht da. Sie haben lieber viel gearbeitet. Ich habe damals schon eine Strategie entwickelt, dass ich lieb sein musste, um ihnen zu gefallen, zumindest wenn sie doch zu Hause waren.«
»Und, ist dieses Liebsein gelungen?«
»Manchmal ja, oft ging es in die andere Richtung. Ich war, zumindest in meinem Verhalten, kein einfaches Kind. Stopp! Spiegel! Bei David und Marie ist es doch genauso und ich bin ständig unterwegs. Haben sie vielleicht auch ein Gefühl, unerwünscht zu sein? Bitte nein! Beide sind erwünscht und geplant. Und da ist er wieder … der kleine Jan … traurig.«
»Sagen Sie ihm auf Ihre Art und Weise all die wunderbaren Sachen, die Sie einem Baby oder kleinem Kind erzählen würden, dass es sehr willkommen ist … Was hätten Sie gerne von Ihren Eltern gesagt bekommen?«
»›Du bist vollkommen und richtig, genau so wie du bist! Ich führe mittlerweile zur Routine gewordene Rituale durch und fühle mich erleichtert.‹«
»Fragen Sie ihn: ›Was kann ich tun, damit du mir vertraust?‹«
»Können Sie Gedanken lesen? Gerade das habe ich eben gedacht. Ob er mir langfristig vertraut? Viel zu lange habe ich ihn im Stich gelassen.«
»Wie reagiert er?«

»Er sagt nichts, umarmt mich nur, aber es fühlt sich so kraftvoll an. Ich glaube, das ist die Botschaft: ihm einfach nah zu sein. Was ich eben erlebt habe, war so real, wissen Sie?«
»Das kann ich mir vorstellen. Diese Arbeit mache ich selbst auch sehr gerne. Wenn wir heute dem Kind in uns keine Zuwendung schenken, können wir dafür nicht die Eltern verantwortlich machen. Was auch immer damals war, ist längst Vergangenheit, und heute können nur wir uns das geben, was wir brauchen, damit sich unser inneres Kind geborgen fühlt. Wie beschreiben Sie es als Beispiel auf dem Weg zur Selbstliebe?«
»Verantwortung für meine eigenen Gefühle zu übernehmen und mir selbst, dem Kind in mir, das zu geben, was es braucht. Und ich habe noch ein Beispiel, sich selbst zu lieben: ehrlich mit sich selbst zu sein.«
»Sehr gut, Ehrlichkeit ist meiner Meinung nach ein Ausdruck von Selbstliebe. Haben Sie ein Beispiel für mich?«
»In letzter Zeit habe ich mir oft darüber Gedanken gemacht. Ich hasse es, ignoriert zu werden. Ein Kollege von mir liest meine Nachrichten und lässt mich auf die Antwort warten. Schlimm finde ich das Gefühl. Nehme ich mir diese Situation als Beispiel und betrachte das Geschehene als Spiegel meiner selbst, sehe ich Fiona vor meinen Augen. Manchmal wartet auch sie vergeblich auf meine Antwort, die mir persönlich nicht wichtig erscheint. Aber vielleicht ist ihr die Antwort wichtig, genauso wie mir die Antwort meines Kollegen wichtig ist? Als ich die Verbindung zwischen den beiden Beispielen hergestellt habe, hat es mir die Augen geöffnet. Als Geschenk kam die Erleichterung. Und wieder möchte ich auf einen Ihrer Sätze zurückgreifen: In kritischen Situationen, wenn ich mich verletzt fühle, nicht zu fragen, ob, sondern wann oder mit wem ich genauso bin.«

»Es freut mich, dass Sie so viel aus unserer Zusammenarbeit mitnehmen und umsetzen. Was sagen Sie zu den zwischenmenschlichen Beziehungen?«
»Was ich definitiv mitnehme, ist, dass sie sehr wichtig sind, denn sie spiegeln uns, was wir über uns selbst denken. Machen wir uns ständig Vorwürfe, was alles schiefläuft, und bestrafen uns wegen allem, was uns nicht gelingt, kommen lauter Menschen in unser Leben, die unsere Glaubenssätze bestärken. Sind wir von der Liebe anderer Menschen abhängig, bedeutet das, dass wir Liebe und Anerkennung von der wichtigsten Person in unserem Leben brauchen – von uns selbst. Solange uns das nicht gelingt, geraten wir in Beziehungen, die unsere bereits vorhandenen Baustellen nur zum Ausdruck bringen und sichtbar machen. Auch ich habe lange versucht, meine Beziehung zu Fiona zu manipulieren. Ich habe von ihr erwartet, dass sie mich liebt beziehungsweise sich verändert, damit es uns oder, heute sage ich ehrlich: mir, besser geht. Es gab nur Disharmonie und beinahe habe ich meine Familie verloren. Und alles, weil ich das Leben falsch verstanden habe und Liebe, Anerkennung von ihr und von anderen erwartet habe.«
»Haben Sie Interesse, hier ein Experiment zu machen?«
Meine Augen leuchten. Ich liebe diese Experimente. »Ja, bitte, ich bin bereit.«
»Schreiben Sie bitte auf, was Sie sich von der Partnerschaft mit Fiona versprechen.«
»Gute Kommunikation, viel Spaß, Nähe, Liebe.«
»Okay, danke. Jetzt schauen wir uns die Liste an. Wo ist es Ihnen möglich und wo unmöglich, diese Bedürfnisse selbst zu erfüllen?«
»Oh nein, ich habe mich eben wieder erwischt. All das kann ich mir selbst geben. Ich lerne, mir nichts mehr von der Partnerschaft zu versprechen und immer bei mir selbst anzufan-

gen.« Ich blättere in meinen Notizen und sehe noch etwas, was tatsächlich Wunder wirkt: »Dankbarkeit für das, was ich habe. In schwierigen Situationen gelingt es mir nicht immer sofort, sage ich Ihnen ehrlich, ich lerne von Tag zu Tag, besser darin zu werden.«

»Es ist wichtig zu erleben, dass Dankbarkeit wirkt. Bekanntlich können wir Menschen nicht gleichzeitig zwei Gedanken denken. Das heißt, wir können zum Beispiel nicht gleichzeitig traurig und dankbar sein. Oder auch nicht wütend und dankbar. Wenn wir das Prinzip verstanden haben, können wir uns in schwierigen Situationen bewusst entscheiden, das zu denken, was uns guttut.«

»Ja, mir erst bewusst zu werden, dass ich mich wieder mental ruiniere und mich dann bewusst für andere Gedanken zu entscheiden. Nur eine Frage: Was ist, wenn ich zum Thema Dankbarkeit in einer bestimmten Situation nichts finde? Was mache ich dann?«

»Am besten, wir arbeiten wieder mit einem Ihrer Beispiele. Einverstanden?«

»Damals im Krankenhaus, als ich noch dachte, dass Fiona mich verlässt, und ich sehr enttäuscht war, wofür hätte ich dann dankbar sein können? Dass sie mich allein und im Stich lässt? Ich wollte nur verschwinden, sogar der Tod erschien mir damals als bessere Alternative.«

»Ich verstehe. Damals, als Sie Ihren tiefsten Punkt im Leben erreicht haben, welche Entscheidung haben Sie zeitgleich getroffen?«

»Mit Ihnen darüber zu reden.«

»Genau, und was haben Sie dadurch begonnen?«

»Ein neues Leben!«

»Und wie verbinden Sie diese damalige Krise und Ihr Leben heute?«

»Jetzt verstehe ich! Ein tiefer Fall hat mich zu hohem Glück geführt. Und diese schlimme Krise war der Anfang von einem neuen Ich.«

»Hätten Sie diese Entwicklung ohne Beziehungskrise in Anspruch genommen?«

»Im Leben nicht! Diese tiefste Krise meines Lebens war der Anfang vom wahren Glück, und ja, dafür bin ich heute sehr dankbar.«

Happiness Alchemie

Larissa Wasserthal
Happiness Alchemie
Wie du dem Leben eine neue Richtung gibst
1. Auflage 2018

200 Seiten; 14,95 Euro
ISBN 978-3-86980-423-1; Art.-Nr.: 1050

Verzweifelt sind wir auf der Suche nach Glück. Wir vermuten es in der Ferne – dort, wo wir gerade nicht sind. Doch was ist eigentlich Glück? Wo finden wir es wirklich? Antworten liefert diese fast wahre Heldenreise eines vierzigjährigen Managers aus Frankfurt. Eigentlich hat er alles – nur kein Glück: Die Karriere stockt, es steht nicht gut um die Familie, ...

Erschöpft, voller Selbstzweifel und mit einer gehörigen Portion Skepsis vertraut er sich einem Coach an. Doch wie kann der ihm helfen? Zusammen begeben sie sich auf die Suche nach seinem Glück: in Gesprächen, in der Stadt, in der Natur ...

All diese Sitzungen helfen ihm bei der Suche nach einer Lösung. Er findet Antworten. Er entdeckt seine wahren Talente. Er startet beruflich neu durch. Und endlich hat er auch privat wieder eine Perspektive.

Alle reden über Glück – dieses Buch zeigt, wie Glück geht.

Gefühle

Patrizia Patz
Gefühle
Emotional gesund in einer rationalen Welt
1. Auflage 2019

258 Seiten; 14,99 Euro
ISBN 978-3-86980-495-8; Art.-Nr.: 1084

Emotionen oder auch Gefühle sind ein geflügeltes Wort und aus unserem Sprachgebrauch kaum wegzudenken. Mal soll man sie zeigen, mal soll man sie verbergen – also Gefühlskontrolle betreiben. Doch nüchtern betrachtet sind wir emotionale Analphabeten. So richtig wissen wir mit Gefühlen nichts anzufangen.

Warum haben wir den Umgang mit Emotionen verlernt? Oder haben wir ihn nie gelernt?

Patz' Buch gibt Antworten auf diese Fragen. Denn damit wir wieder zur Vernunft kommen, brauchen wir eine andere Haltung zu Gefühlen. Sie können Einfallstor für und Werkzeug zur Manipulation sein. Oder ein Katalysator unseres Innersten und damit Kraftquelle. Aber ohne Bewusstsein darüber haben wir keine Wahl. Erst, wenn wir unsere Gefühle (er-)kennen, erlangen wir Klarheit und sind in der Lage, Verantwortung zu übernehmen, etwas zu verändern. Patz' Buch räumt schonungslos mit überholten Mythen über Gefühle auf und zeigt konkrete und attraktive Möglichkeiten, unser authentisches Potenzial zu leben.

Die ersten Schritte sind dabei ganz einfach: Die eigenen Gefühle wieder wahrnehmen, kritisch hinterfragen und einordnen und die darin enthaltene Kraft nutzen, um nachhaltige Veränderungen zu vollziehen.

www.BusinessVillage.de